기독교문서선교회(Christian Literature Center: 약칭 CLC)는 1941년 영국 콜체스터에서 켄 아담스에 의해 시작되었으며 국제 본부는 미국 필라델피아에 있습니다. 국제 CLC는 59개 나라에서 180개의 본부를 두고, 약 650여 명의 선교사들이 이동도서차량 40대를 이용하여 문서 보급에 힘쓰고 있으며 이메일 주문을 통해 130여 국으로 책을 공급하고 있습니다. 한국 CLC는 청교도적 복음주의 신학과 신앙서적을 출판하는 문서선교기관으로서, 한 영혼이라도 구원되길 소망하면서 주님이 오시는 그날까지 최선을 다할 것입니다.

추천사

엘리자베스 하비 로버츠(Elizabeth Harvey Roberts)
자연관리단(The Nature Conservancy) 대표

리히터의 책을 읽고 눈물을 흘릴 정도로 감동했다. 마침내 복음의 열렬한 목소리로 지구가 인류 자신의 이익을 채우기 위한 착취의 대상으로 삼는다는 오해에 이의를 제기하는 교회의 입장을 제기하는 사람이 나타났다. 창조, 가축과 야생 동물 그리고 분투하는 인류를 향한 리히터의 사랑은 본서 전반에서 잘 느껴진다.

트렘퍼 롱맨 3세(Tremper Longman III)
웨스트몬트대학 성서학 명예교수

환경은 오늘날 다뤄야 할 의제 중 가장 긴급하면서도 가장 많은 의견 대립을 생성시키는 주제이기도 하다. 샌드라 리히터가 지적하듯이, 환경 문제는 정치의 문제일 뿐만 아니라 인류의 문제이다. 그렇기에 중요한 성경 구절을 명확하게 해석하는 『에덴의 청지기』는 매우 중요하다. 기독교인이라면 누구나 읽어야 할 책이다.

크리스틴 페이지(Kristen Page)
루스 크라프트 슈트로샤인 특위 의장, 휘튼대학 생물학 교수

샌드라 리히터의 『에덴의 청지기』는 마비된 교회를 향한 설득력 있고 열정적인 행동의 시작을 요구한다. 리히터는 젊은 기독교인이 창조를 무시하라고 교육받는 사실을 애통하며 모든 기독교인에게 성스러운 가치 체계를 따르도록 요구한다. 본서는 독자에게 하나님이 사랑하는 그의 창조물을 보살피는 데 필요한 것을 갖추게 되는 듯한 느낌을 준다.

블레인 챠렛(Blaine B. Charette)
노스웨스트대학교 신약성서학 교수

샌드라 리히터는 현대의 사회와 경제에 영향을 미치고 창조물을 보살피고 보호하는 창조주를 상상하지 못하도록 막는 우상 숭배에 대한 강력하고 설득력 있는 분석을 제시한다. 그는 인류의 번영이 창조의 번영과 불가분하게 연결돼 있음을 우리에게 환기해 준다.

데럴 윌리엄슨(Darryl Williamson)
Living Faith Bible Fellowship 담임목사

샌드라 리히터는 『에덴의 청지기』를 통해 창조 보호의 성경신학을 제공했을 뿐만 아니라 경제적 생산성과 지속 가능성의 균형을 지켜 줄 성경적 에토스(ethos)의 윤곽도 묘사했다. 이 책은 그리스도인에게 단기적인 이윤과 번영을 추구하는 오늘날에도 하나님 창조의 옹호자가 되기 위한 모든 도구를 준다는 의미에서, 제자도의 길을 밟는 모든 목사에게 추천한다.

매튜 슬리스(Matthew Sleeth)
Reforesting Faith 작가, Blessed Earth 전무

창조는 출산 중인 여성과 같이 신음하고 있고, 조산사인 우리는 하나님의 창조물이 우리가 받았을 때와 같은 상태로라던가 더 좋은 상태로 후세대에 넘길 부름을 받았다. 샌드라 리히터는 유능한 성경학자이다. 그는 제시간에 필요한 메시지를 전달해 줄 완벽한 전달자이다.

크리스틴 D. 폴(Christine D. Pohl)
애즈베리신학교 기독교윤리학 명예교수

『에덴의 청지기』는 우리가 갖은 생각에 관해 물음을 던지며 창조물의 복리(Well-being)에 대한 하나님의 지속적인 우려와 하나님의 제자도로서 우리가 갖는 책무를 인지하도록 격려한다. 샌드라 리히터의 작품은 읽기 좋은 동시에 배워갈 것이 많아 매우 추천한다.

멜리사 마허(Melissa Maher)
Mercy Street Church 담임목사

등산하거나 해변에서 카약을 타다 보면 내 영혼이 살아 있음을 경험한다. 잊지 않고 창조주를 향해 감사를 표한다. 나는 신자들이 안식일에 쉬도록 그리고 창조물에서 휴식을 취하도록 격려한다. 그런데 그리스도인으로서의 우리들의 일상에서 창조의 제자도의 의무는 어떻게 표출되느냐는 물음에 대한 답을 나는 가지고 있지 않다.

『에덴의 청지기』는 설득력 있는 성경 분석을 제공함과 동시에 창조자의 각인을 담은 자들로서 우리의 책임에 눈을 뜨게 하는 책이다. 리히터 교수의 지혜와 실용적 제안들은 모든 창조물을 위한 정의로 향하는 그리스도인들의 제자도적 행동을 불러일으킨다.

로슨 스톤(Lawson Stone)
애즈베리신학교 구약성서학 교수

샌드라 리히터는 박식하고 경험이 많은 성경 해석가다. 망가진 우리 세계의 보살핌이 튼튼한 신앙과 건강한 그리스도의 제자들이 지녀야 할 정신에 중심적 위치를 차지함을 강조한다.

리히터는 하나님의 살아 있는 말씀을 고통받는 세계와 연결함으로써, 예수를 따르는 사람들이라면 무시할 수 없는 요구를 우리에게 제시한다.

네이딘 C. 폴리노-로렘(Nadine C. Folino-Rorem)
휘튼대학 생물학 교수

샌드라 리히터는 적극적이고 매력 있는 필력으로 창조의 신학과 현실적인 생태적 제자도가 밀접하게 연관되어 있음을 보여 준다. 이 책을 읽는다면 누구나 올바르고 정의롭게 미래의 지속 가능성에 대해 생각하고 싶은 욕구가 생긴다. 매장에 첨부된 논의 의제는 반성을 격려하고 독자의 관심을 끈다.

맷 아야르스(Matt Ayars)
엠마우스대학교 신학대학 학과장 및 회장

이 책은 예수를 사랑하는 환경 운동가만을 위한 책이 아니라 성경을 중요하게 생각하는 모든 사람이 읽어야 할 책이다. 『에덴의 청지기』는 한참 전에 누군가는 말했어야 할 말을 하고 있다. 성경의 이야기와 예수의 사역은 그의 이미지 안의 창조에 대한 생태적 제자도를 말한다. 그리고 이 제자도를 통한 하나님에 대한 송영은 인간의 소명이다.

일레인 필립스(Elaine A. Phillips)
고든대학 성서학 석좌교수

샌드라 리히터는 수년을 걸친 성경학 경험과 고대 근동의 문서들에 대한 비범한 지식 그리고 현대의 환경 재해들의 심각성에 대한 의식을 모아 교회에 중요한 제안을 제시한다. 그것은 바로 교회의 역할은 자원의 활용에서의 절제와 나눔이라는 것이다.

다니엘 I. 블록(Daniel I. Block)
휘튼대학 구약학 명예교수

자신을 복음주의자라 칭하는 그리스도인들을 위해서 이 책이 얼마나 중요한지는 말로 강조해 표현하기 어려울 정도다.
리히터는 그리스도인들에게 학습, 반성, 회의 그리고 행동을 촉진시킬 성경의 마땅한 해석, 독자를 끄는 필체 그리고 본 의제의 긴급함에 대한 인식을 겸비한 귀중한 책을 제공하고 있다. 이 책은 세계에 좋은 변화를 가져오고 싶어 하는 모든 이를 위한 필독서임이 분명하다.

아만다 M. 스파크맨(Amanda M. Sparkman)
웨스트먼드대학 생물학 부교수

리히터는 생태계와 그곳에 사는 인간을 포함한 동물들에 대한 적절한 보살핌과 심지어는 사랑조차, 표면적이고 당파적인 의견 분립을 넘어서야 한다고 주장한다. 환경 복리와 동물 복리를 위한 깊이 있고 설득력 있는 기반을 마련해 준다.

체리스 피 노들링(Cherith Fee Nordling)
Knowing God by Name 저자

리히터는 하나님이 사랑하는 세계에서의 삶 중 우리들의 위치를 정리해 준다. 우리는 생명의 촉진자이자 영광의 공유자이고 창조의 제자도를 지닌 존재들이다. 여기서, 창조의 운명은 불가분하게 인류의 운명과 연결돼 있으며, 동시에 결국 성육신하신 주님(still-incarnate Lord)과 연관되어 있다. 이 책을 읽고 그것이 전달하는 사실을 음미하며 다시 한번 하나님의 진실을 듣기를 권한다.

더글라스 무(Douglas Moo)
휘튼대학 성서학 웨스너 의장(Wessner Chair)

몇몇 성경학자는 '창조 보존'의 뿌리가 성경 깊숙이 위치한다는 것을 입증했다. 그러나 리히터 교수의 책은 그가 전달하려 하는 성경적 원칙들이 쉽게 와닿도록 일상적인 예시를 다수 포함하는 것에 집중했다는 점에서 다른 저서와 구별된다.

박영호 박사
한국기독교보수교단협의회 대표회장

　오늘날 기후 변화의 충격이 미래 세대의 운명에 치명적인 결과를 초래할 수 있음을 주목해야 한다. 그리스도인의 과제는 이 땅에 하나님 나라를 세우고 영원한 새 하늘과 새 땅을 바라보아야 한다. 복음 전파를 통해 죽어가는 영혼을 구원하는 일과 더불어, 탄식하며 신음하는 피조물들을 회복시키는 일은 한국 교회가 감당해야 할 마땅한 책임이다.

　아담의 범죄로 땅도 저주를 받게 된 후로, 세상은 타락과 오염으로 고통스러워하고 있다. 그것은 대부분 사람이 이 '에덴의 청지기'로서 자신의 책임을 소홀히 한 결과이다. 세계 곳곳이 기후 변화에 의한 재앙으로 탄식하며 함께 고통당하고 있다. 그래서 피조물도 썩어짐의 종노릇한 데서 해방되어 하나님의 자녀들이 영광의 자유에 이르기를 소망하고 있다.

　우리 그리스도인의 사명은 이 땅에 하나님 나라가 이루어지게 하는 것이다. 그러므로 물리적으로 썩어 있고 영적으로 죄에 오염되어 있는 이 세상을 구원해야 하고 새 예루살렘을 사모해야 한다.

에덴의 청지기

그리스도인이 환경주의자가 될 수 있는가?

Stewards of Eden: What Scripture Says about the Environment and Why It Matters
Written by Sandra L. Richter
Translated by Cho, Young Ho
Originally published by Inter Varsity Press as *Stewards of Eden* by Sandra L. Richter.
ⓒ2020 by Sandra L. Richter.
Translated and printed by permission of Inter Varsity Press,
P.O. Box 1400, Downers Grove, IL 60515, USA. www.ivpress.com.
All rights reserved.

Korean Edition Copyright ⓒ 2023 by Christian Literature Center, Seoul, Korea.

에덴의 청지기
그리스도인이 환경주의자가 될 수 있는가?

2023년 2월 10일 초판 발행

지 은 이 | 샌드라 리히터
옮 긴 이 | 조영호

편 집 | 한명복
디 자 인 | 소신애, 김소영, 서민정
펴 낸 곳 | (사)기독교문서선교회
등 록 | 제16-25호(1980. 1. 18.)
주 소 | 서울특별시 동대문구 천호대로71길 39
전 화 | 02-586-8761~3(본사) 031-942-8761(영업부)
팩 스 | 02-523-0131(본사) 031-942-8763(영업부)
이 메 일 | clckor@gmail.com
홈페이지 | www.clcbook.com
송금계좌 | 기업은행 073-000308-04-020 (사)기독교문서선교회
일련번호 | 2023-15

ISBN 978-89-341-2503-7 (93230)

이 한국어판 저작권은 Inter-Varsity Press와(과) 독점 계약한 (사)기독교문서선교회가 소유합니다. 신저작권법에 의하여 한국 내에서 보호를 받는 저작물이므로 무단 전재와 무단 복제를 금합니다.

에덴의 청지기

"그리스도인이
환경주의자가
될 수 있는가?"

샌드라 리히터 지음
조영호 옮김

CLC

목차

추천사 ... 1
엘리자베스 하비 로버츠 | 자연관리단 대표
트렘퍼 롱맨 3세 | 웨스트몬트대학 성서학 명예교수
크리스틴 페이지 | 루스 크라프트 슈트로샤인 특위 의장, 휘튼대학 생물학 교수
블레인 차렛 | 노스웨스트대학교 신약성서학 교수
데럴 윌리엄슨 | Living Faith Bible Fellowship 담임목사
매튜 슬리스 | *Reforesting Faith* 작가, Blessed Earth 전무
크리스틴 D. 폴 | 애즈베리신학교 기독교윤리학 명예교수
멜리사 마허 | Mercy Street Church 담임목사
로슨 스톤 | 애즈베리신학교 구약성서학 교수
네이딘 C. 폴리노-로렘 | 휘튼대학 생물학 교수
맷 아야르스 | 엠마우스대학교 신학대학 학과장 및 회장
일레인 필립스 | 고든대학 성서학 신학부 석좌교수
다니엘 I. 블록 | 휘튼대학 구약성서학 명예교수
아만다 M. 스파크맨 | 웨스트몬트대학 생물학 부교수
체리스 피 노들링 | *Knowing God by Name* 저자
더글라스 무 | 휘튼대학 성서학 웨스너 의장
박영호 박사 | 한국기독교보수교단협의회 대표회장

STEWARDS OF EDEN

| 머리말 | 12 |

서론	15
1 하나님의 청사진으로서의 창조	21
2 옛 언약의 사람들과 그들의 주님	37
3 ’ādām에게 맡겨진 가축	62
4 ’ādām에게 맡겨진 야생 동물	97
5 환경 테러리즘	117
6 과부와 고아	129
7 신약의 사람들과 우리들의 지주	165
결론 그럼 우리는 어떻게 살아야 하는가?	187

| 부록 행동력이 강한 기독교인을 위한 자료 | 197 |

머리말

이 책의 작성 기간은 꽤 길었다. 하나님의 선한 창조와 좋은 신학을 위한 나의 열정이 내 삶을 동반했다. 그 결과, 이 주제에 대해서 내가 기억하기도 어려울 정도로 많은 강연장과 관중 앞에서 연설했고 강의를 열었고 글을 썼다. 나는 학자로서 대학이나 대학원, 전문학회에서 내 생각을 전달할 기회가 잦았다. 그리고 반면에 대중적인 경연장을 이용할 기회도 많았다.

Blessed Earth 이사로 활동했었고 로잔의 창조 보존(Lausanne Creation Care) 회의에 참여했으며, 생태와 환경에 의존하는 소외된 이들의 보호를 위해 삶을 바치는 수많은 국가 단체, 선교 단체(parachurch) 그리고 선교 기관(missionary organization)과 관계를 형성했다. 내 꿈은 10년 이상을 걸쳐서 모여진 이 모든 자료를, (나를 포함한) 수많은 사람의 삶과 마음을 울린 이 자료들을 일반적인 신자의 손에 활용 가능한 형태로 전수하는 것이었다.

교회 내에서 생태적 제자도를 어떻게 다뤄야 하는지 모르는 사람에게 도움을 주는 것이다. 그리고 동시에 나의 목적은 내 연구를 대학생에게, 나아가 그 학생의 부모와 조부모에게도 접하기 쉬운 형태로 정리하는 것이었다. 당신이 들고 있는 두 책 표지 사이에 이 노력의 결과가 있다.

이 목표를 향한 여정에 수많은 사람이 나랑 함께해 줬었다. 나 자신의 생각을 정립할 수 있게 친절히 도와준 출판인들과 단체들에 감사의 말을 전하고 싶다. 이 책이 정리된 글의 모습을 갖출 수 있게 된 것은 출판인들과 단체들의 노력 결과임이 분명하다. 이 기회에 감사의 인사를 로슨 스톤(Lawson Stone)에 전하고 싶다. 그는 아름다운 사진 자료를 나에게 공유해 주었다.

끝없는 지지와 우정을 제공해준 매튜 슬리스(Matthew Sleeth)와 낸시 슬리스(Nancy Sleeth)에 Blessed Earth 창립 때문에, 그리고 한동안 같이 블로그를 작성할 수 있었음에 감사하다는 말을 전하고 싶다. 휘튼대학이 페이지 크리스튼과 나에게 국내 최고의 학생들에게 이 중요한 주제를 갖고 한 학기를 걸치는 강의를 진행할 수 있게 허락했음에 감사하다.

'성경연구와복음주의신학회'(Institute of Biblical Research and the Evangelical Theological Society)는 이 주제가 아직은 '감각적인'(edgy) 주제라는 인식이 있었을 당시 총회에서 그리고 부분적인 회의에서 내 경연을 허락했음에 감사하다.

애즈베리신학교(Asbury Theological Seminary), 바이올라대학교(Biola University), 에반젤대학교(Evangel University), 탬파시 소재 '살아있는신앙성경단체', 플로리다 정상 회담, 어라이즈(Arise) 정상 회담 그리고 통합 감리교회 미시시피 회의는 그 이사 회원에게 이 주제에 관한 얘기를 할 수 있도록 허락하여 감사하다.

이 여정에서 나를 지속해서 지지해 준 애즈베리신학교에, 이 책을 작성할 전문적인 공간을 제공해 준 웨스트몬트대학(Westmont College)

에도 고마움을 전한다. 본서를 작성하는 과정에서 내 얘기를 들어주고 결점을 지적하고 목소리를 내 주고 연대한 분들의 도움으로 이 책은 더욱 명확하게 기술될 수 있었다. 이 모든 분에게 감사를 전하고 싶다.

나의 큰 희망은 이전에 있었던 모든 소통이 최종적으로 현실화하여(incarnation) 우리 교회가 행동하도록 영감을 불어넣는 것이다. 그리고 이 위기에서 우리 각자의 위치에서 항상 우리의 사명인 '세계의 변화'를 일으키는 것이다.

Jewett, Robert and Alloway Jr., Wayne L. and Lacey, John G. (eds.). "The Bible and American Environmental Practice: An Ancient Code Addresses a Current Crisis." *The Bible and the American Future*. Eugene, OR: Cascade, 2009, 108-129.

"A Biblical Theology of Creation Care: Is Environmentalism a Christian Value?" *Asbury Journal* 62, no. 1 (2007): 67-76.

Blessed of Earth (blog), 2010-2012, www.blessedearth.org/

"Environmental Law in Deuteronomy: One Lens on a Biblical Theology of Creation Care." *Bulletin for Biblical Research* 20, no. 3 (2010): 331-354.

"Environmental Law: Wisdom from the Ancients." *Bulletin for Biblical Research* 24, no. 3 (2014): 307-329.

"Environmentalism and the Evangelical: Just the Bible for Those Justly Concerned." *Westmont Magazine*, spring 2019, 38-46.

Muck, Terry C. and Netland, Harold A. and McDermott, Gerald R. (eds.). "Religion and the Environment," *Handbook of Religion: A Christian Engagement with Traditions, Teachings, and Practices*. Grand Rapids: Baker Academic, 2014.

서론

그리스도인이 환경주의자가 될 수 있는가?

개인적인 견해지만, 이 책의 주제는 현대 기독교 사회에서 거룩함(holiness)과 사회 정의와 관련된 담론 중 가장 많은 오해가 발생하는 주제일 것으로 생각한다. 이견 없이 대다수가 이 주제의 중요성과 동시대적인(contemporary) 것을 긍정적으로 받아들일 것이다. 지역 사회의 이웃에서 국제 사회의 이웃까지 모두가 이 주제를 심오한 것으로 생각한다. 이러한 배경을 고려했을 때, 기독교인이 환경주의자일 수 있는지에 대한 교회의 견해는 교회의 사회적 인식을 좌지우지할 것이 당연하다.

그러나 이 이슈에 대해 글을 쓰고 대화를 나누고 여러 지역을 여행해 본 결과, 대체로 교회는 본 주제에 대해 아직은 부동적인(paralyzed) 자세를 보인다. 대학생이든, CEO이든, 신학도이든, 목사이든, 목축업자든 광부이든, 캘리포니아의 주민이든 켄터키의 주민이든 교회 공동체에 속한 우리는 환경 청지기도(environmental stewardship)에 관해서 움직임이 없다. 좀 더 적극적으로 표현하면 환경 청지기도에 대해 현재 교회는 MIA(missing in action), 즉 전투 중 실종된 상태이다.

휘튼대학(Wheaton College)에서 구약성경을 읽었을 당시 나는 페이지 교수(생물학, 루스 크라프트 슈트로샤인 특위 의장[Ruth Kraft Strohschein Distinguished Chair of Biology])와 '신앙 및 학습' 연구 보조금을 받아 휘튼대학 최초로 환경 관리에 중점을 둔 신학-생물학을 융합한 학제 간 강의—성경과 생물학을 환경 청지기도를 묻기 위한 통합적 강의—를 개설했다. 강의명은 "기독교인과 환경에 관한 고민들: 성경과 생물학"(Environmental Concern for the Christian: The Bible and Biology)이었다. 어느 교수나 그렇듯이[1] 아이스브레이커로 첫 강의를 시작했다.

"이름과 전공, 이 강의를 수강하게 된 이유로 자기소개를 해 봅시다."

강의해 본 사람이 다들 그랬듯이 수없이 사용해 왔던 대화거리라 큰 기대 없이 강의를 시작했다. 그러나 곧 나의 예상과는 다른 전개가 진행되고 있었다. 학생 한 명씩 돌아가며 자기소개하면서 나는 몸을 움직이지 못할 정도의 놀라움을 경험하고 있었다. 스물 몇 명이 정확히 동일한 대답을 했기 때문이다.

> 저는 어릴 때부터 야외에서 활동하는 것을 좋아했습니다. 캠핑, 등산, 들새 관찰, 애서티그섬(Assateague Island)의 야생마, 채널제도(Channel Islands)의 돌고래 소리, 오자아크호의 아름다움. 이런 취미들에 종사하며 나는 항상 하나님의 존재와 하나님의 즐거움을 느낄 수 있었습니다. 그러나 기독교인으로서 야생과 자연에 대한 사랑을 나의 기독교적 자아의 일부로서 받아들여선 안 된다는 생각이 항상 들

---

[1] 위 문장은 원문에 "As professors are won't to do [...]"라고 쓰여 있으나 오류인 것이 당연하기에 본 내용을 "As professors all want to do"라고 이해해 보완 번역했다.

었습니다. 다행히도 이 강의가 열렸고 대답을 찾을 수 있을 것 같아 이 강의에 참여하기로 했습니다. 이 강의가 열린 것에 대해 매우 기뻐했습니다.

모든 학생이 다 하나같이 이렇게 말한 것이다. 이 강의실에 앉아 있었던 학생들은 누구라고 할 것 없이 모두 양질의 교육을 받았고 사회에 적극적으로 참여하고 있으며 신앙이 깊은 청년들이었다. 이들은 모두 하나님 창조의 아름다움을 찬양해선 안 된다 생각하고 있었다. 더욱 놀라운 사실은 그 학생들 앞에 서 있는 교수들도 같은 견해를 갖고 있었다는 사실이었다.

어떻게 이럴 수 있는가?

역사적으로 우리 사회의 윤리적 나침반이었던 교회가 어떻게 환경이라는 주제에 대해 이렇게나 길을 잃을 수 있는가?

여러 이유가 있겠지만 확실한 것은 다음과 같다.

첫 번째 이유는 정치일 것이다. 하나님 나라의 정치(kingdom politics)가 아니라 미국 국내 정치 그리고 국제 정치 말이다. 많은 사람이 전통적으로 교회의 정치적 동맹자와 환경주의를 주장하는 이들은 다른 정치적 객체라는 것에 동의할 것이다.

예를 들어, 일반적으로 낙태 불법화에 찬성하는 사람은 환경주의에 반대할 것으로 추정한다. 애국자[2]라면 그 사람은 동시에 환경 보

---

2   애국자의 영문 patriot은 정치적 상징성을 포함하고 있는 단어이다. 미국 정치에서는 "애국자"라는 단어는 보수적 정치 계열과 연결 짓는다.

호에 반대할 것으로 추정된다. 조금 더 직접으로 말하자면, 미국에서는 환경보호주의자는 자동으로 민주당의 지지자로, 민주당의 지지자는 자동으로 낙태 합법화 찬성자로 추정된다. 공화당의 지지자라면 환경 보호에 반대할 수밖에 없다고 추정되듯이 말이다. 정리하자면 환경주의는 그 사상의 내용을 벗어나 정치적 연결 고리가 된 것이다.

그러나 어쩌면 당연한 말이지만, 기독교인은 미국의 정치 일원이기 이전에 하나님 나라의 시민(citizen of heaven)이기에 우리가 어느 정치 단체와 연합을 할 것인지, 가치 평가 기준을 어떻게 정의할 것인지는 미국의 국내 정치에 달려 있지 않다. 우리의 가치 평가 기준, 즉, '거룩함'은 거룩하신 한 분(the Holy One) 주님에 의해 정의된다. 그러므로 그의 나라 시민으로서 우리가 사실상 고려해야 할 정치권(set of politics)은 단 하나밖에 없다.

두 번째 이유는 교회가 환경에 대해 부동적인 다른 사회 이슈에도 적용되는 흔한 이유이다. 서양 세계의 다수를 구성하는 우리는 국제 공동체의 환경 파괴가 가져오는 부정적 영향으로부터 보호받고 있다는 사실이다. 우리는 대기업의 규제받지 않는 토지와 용수의 사용이 소외받고 있는 사람들의 삶을 얼마만큼 파멸하는지 보지 않는다.

우리는 규제되지 않는 산업형 농업과 그로 인한 사회적 붕괴가 인도의 펀자브(Punjab)주의 비옥한 토지를 죽은 것과 마찬가지로 땅을 파괴적으로 변환시키는 모습을 보지 않는다. 우리는 미처리 산업 폐기물과 미처리 하수, 불완전한 화장(火葬)의 오남용에 의한 갠지스강의 모습을, 즉 그 거대하고 중대한 어귀의 흉한 모습을 보지도, 악한 냄새를 맡지도 않는다.

우리들의 창가에서 내다보이는 산봉우리 제거를 통한 석탄 광업이 애팔래치아산맥에 남긴 달처럼 휑하기만 한 풍경도, 사막화가 마다가스카르 우림의 88퍼센트를 벌해 남긴 해진 풍경도 보지 못한다.

이러한 두 가지 모습에 대한 무관심은 결국 소외된 이들을 절망스러운 상황에 남겨 두는 결과를 가져왔다. 그리고 이 결과로 인해 우리는 창조 보호(creation care)를 과부와 고아의 보호라는 성경적 윤리 원칙의 연장선 속에서 이해하지 못하는 것이다.

세 번째 이유는 아마 세 이유 중에 가장 해로운 이유일 것이다. 많은 교회에서 가르치듯이 인위적인 정세가 무조건 파멸로 이를 것이라는 신학 사상이 그것이다. 이러한 신학에 의하면 예수를 충실히 따르는 수많은 신앙인이 최고 가치인 영혼의 구원과 개종을 위해 지구의 자원을 최대한 격렬하고 적극적으로 사용하는 것이 윤리적으로 정당하다고 믿는다는 것이다. 결과적으로 교회는, 그중에서도 특히 복음주의 교회는, 환경 관리의 문제를 무심하게 성경의 외부를 맴도는 문제로, 또는 아예 이질적인 문제로 등락했다.

이 책은 교회를 이렇게나 중요한 문제에 대해 부동하고 침묵하는 자세를 취하게 만든 오해를 노출하고 해소하기 위한 나의 오랜 기간에 걸친 노력의 결과이다. 성경신학 교수로서, 전문 해석학자로서, 작가로서, 신학자로서 그리고 무엇보다도 중요하게 기독교인으로서 이 책을 통해 교회 생활의 최고 권위를 지닌 성경의 목소리를 빌려 환경 관리의 문제, 우리 지구의 청지기도에 대한 문제가 복음의 뜻과 이질적이지 않을 뿐만 아니라 복음의 외부를 맴돌지도 않음을 주장하려 한다.

신앙과 실천의 규칙은 이 주제, 즉 기독교인이 환경주의자일 수 있는지에 대해 많은 것을 이야기하고자 한다. 그리고 성경이 하고픈 말이 무엇인지를 말하고자 한다. 성경은 우리에게 책임을 말한다. 창조 관리에 대한 청지기적 책임은 하나님 성품에 대한 묘사일 뿐만 아니라 하나님의 형상으로 창조한 인간들에게 맡겨진 역할이다.

1

하나님의 청사진으로서의 창조

> 우리가 모두 에덴을 갈망한다. 우리는 항상 갈망하는 그곳을 흘끔흘끔 바라본다. 우리의 인간성이 가장 좋았을 때 그리고 부패하지 않았을 때, 가장 순수하고 선한 인간성은 아직 추방의 느낌에 물들어 있지 않다.
>
> - 존 로널드 루엘 톨킨(J. R. R. Tolkien), 『톨킨의 편지』(*The Letters of Tolkien*)

환경 제자도에 관한 강의를 처음 한 것은 2005년 애즈베리신학교의 하나님 나라 컨퍼런스(Asbury Theological Seminary's Kingdom Conference)였다. 이 회의의 창립 목적은 역사적으로 전 세계의 학생들 사이 기독교인의 책무에 관한 대화를 촉진하는 것이었다. 효과적인 다문화 커뮤니케이션, 타 문화권에서 일하는 용감한 기독교 신자들 즉, 선교사들의 메시지, '육신이된말씀'(Word Made Flesh) 단체나 '센드인터내셔널'(SEND International)과 같은 기관들, 고아, 난민, 또는 인신매매 당한 여성을 돕는 데 헌신한 목회자들 같은 화제들이 회의 주제로 자주 선정되곤 했다.

그러나 환경주의는 단 한 번도 주제로 선정된 적이 없었다. 그러나 2005년, 크리스틴 폴(Christine Pohl) 교수의 적극적인 리더십 아래,

회의 주체위원회는 과감히 환경 문제에 대한 회의를 열기로 했다. 이 결정은 그 누구에게도 쉬운 결정은 아니었다. 2005년 켄터키의 중심부에서[1] 환경 문제는 교회가 다루는 주제가 아니었기 때문이다. 최소한 설교자들에게는 그랬다.

그런데도 나는 젊고 이상주의적이었기에, 선정된 주제에 찬성했고 회의 준비에 열정적으로 임했다. 회의 청중에게 불쾌함을 유발하지 않고도 그들의 관심을 끌 수 있도록 결심했다. 나에게 주어진 25분 동안 몸과 마음을 다해 설교했다. 다행히도 청중은 내 강연을 넓은 마음으로 좋게 이해하고 수용해 주었다.

그렇다면 이 회의와 강연의 결과는 무엇이었을까?

그것은 지금까지도 이어지고 있는 애즈베리신학교에서 환경보호 운동이 시작되었다는 것이다.

물론 어려울 때가 있었다. 이 운동이 히피들의(hippie) 선인주의(do-gooder-ism; 善人主義)[2]에 불과하다는 견해나, 재정과 사역 그리고 운동의 방향에 관한 물음도 많았다. 가장 인상 깊었던 것은 내가 동료들에게 플라스틱병 아래에 있는 번호가 어디에 있는지, 그 번호가 무엇을 뜻하는지를 설명해야 했던 회의였다.[3] 그러나 이런 어려움을 뿌리치고 매우 효과적인 학교 내 재활용 프로그램을 도입할 수 있었다.

---

1   애즈베리신학교는 켄터키주에 위치해 있다. 켄터키주 주민들의 총체적인 정치 성향은 환경 문제를 전혀 중요시 여기지 않는다(역자 주).
2   히피의 선인주의란 우리가 정의의 사도로 모든 세계의 선을 선도하는 것을 의미한다(역자 주).
3   플라스틱병 아래쪽엔 번호가 표기돼 있으며 그 번호는 플라스틱병의 제작에 사용된 플라스틱류를 알려 준다(역자 주).

이 프로그램을 도입하는 데 중심적인 역할을 한 사람은 경비부서의 크레이그 레이놀즈(Craig Reynolds)였다. 켄터키, 윌모어에 위치한 학교인 만큼 환경 보호 방책과는 익숙하지 않은 레이놀즈였지만 환경 보호의 윤리적 당위성을 받아들인 후 환경 보호 움직임에 참여했다. 심지어는 그는 결코 쉬운 일이 아님에도 불구하고 재정적 이윤을 만들어 낼 정도로 효과적인 재활용 프로그램 설계를 맡아 주었다.

교내에서 활용되는 엄청난 양의 종이를 폐기하는 것보다 재활용하는 것이 비용이 덜 든다는 것을 계산해 알려 준 사람이 바로 레이놀즈였다. 슈레드-잇(Shred-it)[4]과 같은 회사의 서비스를 이용하는 것이 교내 경비 임원의 노동량을 줄인다는 것 또한 발견했다. 우리는 레이놀즈와 협업하며 우리 학교의 상황에 맞는 영구적인 솔루션을 찾아냈다. 차후에는 Blessed Earth 소속 매튜 슬리스와 낸시 슬리스가 그들의 시간과 자원을 내주면서 지역 사회 주민들에게 환경 문제에 대한 교육을 제공하기도 했다.

2009년에 티모시 테넌트(Timothy Tennent)가 최초로 학장에 취임했다. 테넌트 학장은 대학의 발전 방향을 설정함에서 지속 가능성을 고려하겠다고 명시적으로 선언했다. 그 결과―소위 말하는 '같은 방향으로의 오랜 순종' 이후―애즈베리신학교는 지역의 재활용 선두자로 거듭났다.

그러나 모든 사회 변화가 그렇듯이 애즈베리의 환경보호운동도 그 지역 사회의 가치관에 부합했기에 가능한 일이었다. 즉, 애즈베리 환

---

4   종이 및 서류 폐기 및 재활용 서비스를 제공하는 회사의 이름이다(역자 주).

경보호운동은 그 운동의 필요성과 가치를, 생태 제자도가 왜 하나님 나라에 득이 되는지를, 신학적인 관점에서 논증해야만 했다.

환경 보호의 가치에 대한 신학적 논증 구조는 어떻게 구성되는 것일까?

신앙과 실천과 관련된 모든 이슈가 그렇듯이 환경 보호의 가치관이 신학적으로 정당한지의 판단은 성경 연구에 기반을 둬야 한다. 우리는 성경의 주석학자, 해석학자로서 다음을 물어야 한다.

내가 연구하는 특정한 가치관이 하나님 통치와 규칙의 표현으로서 성경에 조직적으로 구현될 수 있는가?

아니면 특정 상황에 제한되어 보이는 그 상황의 특수성의 맥락에서만 묘사되는 가치일 뿐인가?

환경 보호가 하나님 나라의 가치라는 결론에 도달하기 위해서는 두 질문 중 전자에 긍정하는 가치여야 할 것이다. 인류를 향한 하나님의 근본적인 요소여야 하며, 동시에 하나님이 소통하는 애정과 가치 중 자주 표출되는 요소여야 한다. 그리고 모든 성경신학이 에덴에 시작하듯이, 우리 주장의 출발점도 에덴이어야 한다.

1. 성경은 무엇을 말하는가?

창세기의 첫 장에서 하나님은 창조의 청사진을 밝힌다.

첫 장을 심도 깊이 읽는다면 성경의 저자는 다음을 답하려 했다는 것을 알 수 있다.

'하나님이 누구인가?'
'인류는 무엇인가?'
그리고 '이 장대한 계획에서 우리의 위치는 어디이고 역할은 무엇인가?'

그림 1에서 볼 수 있듯이 독자는 이 질문들에 대한 대답이 '완벽한' 일 주간의 형태를 통해 전달받게 된다. 여기서 안식일로 마무리되는 창조의 일주일의 과정을 통해 우리는 세계(cosmos)의 독립성을 볼 수 있다. 첫날부터 셋째 날까지는 세 개의 영역(habitat)이 제시된다.

(1) 낮과 밤
(2) 바다와 하늘
(3) 마른 땅이 그것이다

넷째 날부터 여섯째 날까지는 각 영역에 존재하거나 살아갈 존재들을 알맞은 서식지에 배치한다.

(4) 태양과 달은 낮과 밤을 통치하도록 배치되고
(5) 생선과 새들은 각각 해양과 하늘을 거주하도록 그리고
(6a) 육지에 거주하는 생명체는 육지에 배치된다.[5]

---

5 창세기 1장에 대한 더욱 자세한 해석을 위해서는 다음을 참조. Sandra L. Richter, *The Epic of Eden: Christian Entry into the Old Testament* (Downers Grove, IL: IVP Academic, 2008), 92-118; Henri Blocher, *In the Beginning: The Opening Chapters of Genesis* (Downers Grove, IL: Inter Varsity Press, 1984), 15-38; Meredith G. Kline, *Kingdom Prologue: Genesis Foundations for a Covenantal Worldview* (Eugene, OR:

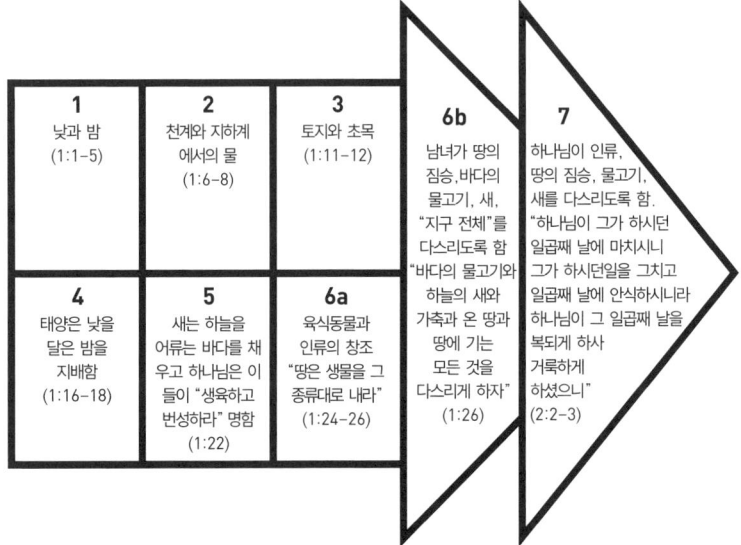

그림 1. 창세기 1-2:3 재현되는 창조의 7일

창세기 1장의 영역/창조의 왕국들을 식별하는 첫 사흘과 거기에 뒤따라 각 영역에 존재하거나 살아갈 존재들을 식별하는 마지막 나흘을 분석하면 그 관계가 각 요소의 위치, 분위 그리고 통치권에 관한 내용을 전달한다는 것을 찾아낼 수 있다.

넷째 날 하나님은 낮과 밤을 '통치'하기 위해 (또는 낮과 밤의 '통치자'가 되기 위해', 히브리어 *mašal*) "하늘 창공에 빛나는 것들"을 만들어 냈다 (창 1:14).

다섯째 날 하나님은 "생육하고 번성하여 바다에 충만"하도록 그리고 "새들도 땅 위에서 번성"하도록 물고기와 새를 창조했다

Wipf & Stock, 2006), 38-43.

(창 1:20-23). 여섯째 날 하나님은 육지에 거주할 생명체를 창조한다(창 1:24-25). 그러나 여섯째 날에 가까워지면 가까워질수록 글의 문학적 구조가 급격히 변한다는 것이 보인다.

이런 변화의 목적은 무엇인가?

그것은 창조 이야기에서 이 구절(stanza)의 중심적인 역할을 강조하기 위해서이다. 독자가 누구라 하더라도 여섯째 날에 대한 설명이 지금까지 중 가장 자세하고 길다는 것을 알 수 있을 것이다.

왜 이 부분을 이렇게 강조했을까?

창세기의 제2의 절정이라 불릴 수 있는 여섯째 날은 지금까지 독자에게 보인 창조주의 작품 중 숨이 막힐 정도로 놀라운 요소를 내포하고 있기 때문이다. 이날, 창조자의 모습을 따라 생명체가 만들어지기 때문이다. 즉, 하나님의 형상을 따라 인간(*ʾādām*)이 창조되었다.

> 하나님이 이르시되 우리의 형상을 따라 우리의 모양대로 우리가 사람을 만들고 그들로 바다의 물고기와 하늘의 새와 가축과 온 땅과 땅에 기는 모든 것을 다스리게 하자 하시고(창 1:26).

인간(*ʾādām*)이 지구상에서 하나님의 물리적 대표자로서 창조됐다는 것의 의미가 얼마만큼 중대한지는 수없이 강조하지 않을 수 없다.[6] 성

---

[6] 고대 근동의 문화적 맥락을 고려한 깊이 있는 분석은 다음을 참조 Catherine McDowell, *The Image of God in the Garden of Eden: The Creation of Humankind in Genesis 2:5-3:24 in Light of the* mīs pi, pīt pi, *and wpt-r Rituals of Mesopotamia and Ancient Egypt*, Siphrut 15 (Winona Lake, IN: Einsenbrauns, 2015); Sandra L. Richter, *The Epic of Eden Isahah*, A One Book Curriculum (Franklin, TN: Seedbed,

경에서뿐만 아니라 성경의 기록을 확인할 수 있는 고대 근동의 여러 글은 인류가 이미지(selem)라 칭해지는 것이 인류가 지상에서 하나님의 움직이는 대변자 역할을 한다는 것은 명확하다. 사실상 여성과 남성, 즉 인간은 창조 질서 속에서 하나님의 주권을 상징한다. 그리고 하나님의 주권을 상징함으로써 남성과 여성은 그의 광대하고 아름다운 세계의 관리자이자 제자다.

물고기와 새들과 같이 인간도 자기 자신과 그들의 거주지 속에서 '생육하고 번성'하도록 명령받았다. 동시에 전능자의 형상을 지닌 자로서 위에 언급한 영역들과 거주하고 서식하는 동물들을 소유하고 (kābaš) 통치하도록(rāda) 명령을 받았다.

> 하나님이 그들에게 복을 주시며 하나님이 그들에게 이르시되 생육하고 번성하여 땅에 충만하라, 땅을 정복하라[kābaš][7], 바다의 물고기와 하늘의 새와 땅에 움직이는 모든 생물을 다스리라 하시니라(창 1:28).

2016).

[7] *Hebrew and Armaic Lexicon of the Old Testament*, "כבש". 이 동사를 번역할 때는 흔히 '굴복시키다'(subjugate)를 사용한다. 새로운 사람들의 무리나 침략군이 새로운 지역을 점령할 때 많이 사용된다(예를 들면 민 32:22, 29; 수 18:1; 삼하 8:11). 가령 다윗은 "주 여러분의 하나님께서 여러분과 함께 계셔서, 여러분에게 사방으로 평화를 주시지 않았습니까? 그리고 이 땅 주민을 나에게 넘겨 주어, 이 땅 사람들을 주님과 그의 백성 앞에 굴복시키셨습니다(kābaš)"(대상 22:18 미국표준성경). 이 동사가 사용될 때에는 그 목적어가 생물이 아닌 토지라는 것이 주의할 만하다.

언약의 언어 안에서 여호와는 자신을 왕으로, 그리고 인간(ādām)을 그의 청지기로, 더 나아가 에덴을 인간(ādām)에게 할당한 불하 토지로 정의했다.

창세기의 마지막 구절에서는 일주일간의 창조 기간의 클라이맥스이자 창세기 교훈의 클라이맥스인 안식일이 시작된다(창 2:1-3). 일곱 번째 날만이 분리된 것이다. 이는 일곱 번째 날이 성스러운 날이라는 것을 보여 준다. 일곱 번째 날은 숨이 막히게 아름다운 이 세계의 창조가 완료됐다는 것을, 창조주가 만족스러워한다는 것을 그리고 만족한 채 그의 앞에 놓여 있는 아름다운 풍경을 만끽하기 위해 왕좌에 좌정했다는 것을 보여 준다.

여기서 우리에게 중요한 것은 아름답고 상조(相助)적인 이 세계의 체계적 완전한 균형이 창조주의 주권에 의존한다는 것을 알 수 있다는 것이다.[8] 하나님이 왕좌에 자리 잡은 것은 일곱 번째 날이기에 인류가 여섯째 날에 도입됐다는 것은 그가 하나님의 방대한 세계의 제자도라는 의미를 제시한다. 이 메시지는 창조 수천 년 후 세계 안에서의 인간의 위치에 대해 재언하는 시편 8편에서 재확인할 수 있다.

---

8   메레디스 G. 클라인이 말하듯이 "창조의 기록을 통해 지배의 수직적인 구조를 확인할 수 있다. 그 수직 구조의 정점은 안식일이다. [...] 첫 3일간 피지배지(被支配地)인 서식지의 원천이 소개된다. 그 후, 4일에서 6일까지 하나님의 성스러운 명령을 따라 임명된 각 서식지의 지배자가 소개된다. 그러나 지배 구조는 6일에서 끝나지 않는다. 안식일의 주인인 그의 최대권 지휘로, 일곱 번째 날까지 계속된다." (Kline, *Kingdom Prologue*, 38)

> 주의 손가락으로 만드신 주의 하늘과 주께서 베풀어 두신 달과 별들을 내가 보오니 사람이 무엇이기에 주께서 그를 생각하시며 사람[ādām]의 아들이 무엇이기에 주께서 그를 돌보시나이까 그를 하나님보다 조금 못하게 하시고 영화와 존귀로 관을 씌우셨나이다 주의 손으로 만드신 것을 다스리게 하시고[māšal]⁹ 만물을 그의 발아래 두셨으니 곧 모든 소와 양과 들짐승이며 공중의 새와 바다의 물고기와 바닷길에 다니는 것이니이다 여호와 우리 주여 주의 이름이 온 땅에 어찌 그리 아름다운지요(시 8:3-9).

이 시편의 노래가 우리에게 말하는 교훈은 명확하다. 창조 질서의 지속적인 번성은 창조주의 주권에 의존하는 반면 지속적인 번성이 가능하도록 하나님 대신에 통치하는 것은 제자도인 우리의 특권이자 의무라는 것이다.

그럼 어떻게 통치해야 할 것인가?

지상, 공중 그리고 해양에 거주하는 모든 생명과도 같이 아담의 아이들도 '생육하고 번성'해야 할 것이다. 그러나 하나님의 형상을 따라 창조된 자들로서 여섯째 날 이전에 창조된 것들에 대한 통치권을 갖는다. 그 어느 봉신이 그렇듯이,[10] 인류도 왕이신 하나님으로부터 제공을 받은 토지를, 세계를, 주의 지시에 따라 다스리도록 명령받았다(창 1:28).[11]

---

9 *Hebrew and Aramaic Lexicon of the Old Testament*, "משל". 다니엘 11:39에서 볼 수 있듯이 이 동사는 ב 전치사와 함께 쓰이면 어느 지휘로 임명했다는 뜻으로 사용된다.

10 Sandra L. Richter, *Epic of Eden*, 69-91 참고.

11 *kābaš*가 토지의 할양의 맥락에서 사용된 예시는 여호수아 18:1과 사무엘하 8:11

결론적으로 우리가 사는 이 장엄한 생태계의 번성이라는 하나님의 계획에는 인류가 중대한 역할을 한다는 것이다. 물론 궁극적 주권자는 여호와이다. 그러나 그의 대표자로서의 인류는 청지기와 제자도의 역할을 하도록, 하나님 형상을 반영하도록 창조된 인간은 창조주의 의지를 실천하며 살도록 창조된 것이다. 우리의 통치권은 하나님으로부터 도출된다. 우리의 통치는 하나님의 뜻대로 실행하는 통치와 같아야 한다. 우리는 왕이 아니라 청지기요 제자다. 창세기 2:15는 인류의 역할에 대한 부가 설명을 제공한다.

> 주 하나님이 사람을 데려다가 에덴동산에 두시고, 그 곳을 맡아서[*ēʿobdāh*]¹² 돌보게[*lěšomrāh*]¹³ 하셨다(창 2:15, 새번역성경).

위에 언급한 교훈은 여기서도 반복된다. 에덴동산은 여호와의 소유지이다. 그러나 인간은 하나님의 뜻 아래 통치의 특권과 에덴의 관리에 대한 책무를 받았다. 인간(*ʾādām*)이 하나님의 지시 아래 하나님 왕국의 한가운데서 그 왕국의 대단한 자원을 활용하고 지휘하며 문명을 구축하는 데에 성공하는 세계야말로 계획에 따른 이상이었다.

에서 확인할 수 있다.
12 *Hebrew and Aramaic Lexicon of the Old Testament*, "עבד". 이 동사의 가장 근본적인 의미는 "시중들다, 일하다"이다. 그러나 경작 가능한 토지의 맥락에 사용된다면 "경작하다", 동물의 맥락에서는 "동물 따위와 또는 동물 따위를 갖고 일을 하다"의 뜻을 갖는다.
13 *Hebrew and Aramaic Lexicon of the Old Testament*, "שמר". 북서 셈어, 사해 두루마리 그리고 히브리어(middle hebrew) 등 여러 맥락에서 사용되는 동사다. 이 단어의 근본적인 의미는 "지켜보다", "관리하다", "조심스럽게 무언가를 하다"이다.

심지어 이 계획을 이루기 위해 하나님의 형상에 따라 창조된 인간은 에덴에서 문자 그대로 거주하게 되었다.[14] 에덴에서는 그 어느 시점에도 부족이란 없도록 계획되었다. 이 동산에서 오염은 발전의 필요조건이 아니었으며 멸종은 팽창의 필요조건이 아니었다. 강자의 특권은 약자의 결핍을 요구하지 않도록 계획하셨다. 하나님의 계획대로라면 인류는 하나님의 지혜로운 계획과 인도를 기반으로 이 모든 일에 성공했을 것이다.

내 강의에서 흔히 말하듯이, 무한히 팽창하는 하나님의 세계는 하나님의 아이들이 세계의 광대한 다양함에, 강렬한 아름다움에 그리고 섬세한 균형에 사로잡히도록 그들에게 제공된 것이다. 하나님이 사랑하는 것을 우리도 사랑할 수밖에 없도록 만들어졌고, 별들에 향하도록 의뢰받은 것이다.

그러나 결말은 누구에게나 너무 익숙하다. 인류는 이 계획을 거절하고 자립을 선택했다. 하나님의 창조 체계에서 인류의 위치로 인해 이 결정은 모든 창조물에 영향을 미쳤다. 인간('ādām)으로 인해 심지어는 "피조물이 허무에 굴복했다."[15] 신약성경 학자 더글라스 무(Douglas J. Moo)의 말을 빌리자면, 인간('ādām)의 결정으로 인해 지구라는 행성 자체가 "본래 창조 목적을 이루지 못하도록 만들어졌다."[16]

---

14   *Hebrew and Aramaic Lexicon of the Old Testament*, "חנה". 문맥에 따라 이 단어가 갖는 또 다른 의미는 신전에 어느 한 신의 조각상을 설치하는 것이다. 성경 학습 커리큘럼 *Epic of Eden: Isaiah*에서 "The Servant and the Idol"을 참고하라.

15   Douglas J. Moo & Jonathan A. Moo, *Creation Care: A Biblical Theology of the Natural World* (Grand Rapids: Zondervan, 2018), 249-252 참고.

16   Douglas J. Moo, "Nature in the New Creation: New Testament Eschatology and the Environment," *Journal of the Evangelical Theological Society* 49 (2006): 461.

나의 저서인 『에덴의 서사시』(*The Epic of Eden: A Christian Entry into the Old Testament*)에서 논의했듯이 인류의 반란으로 제정된 저주는 그냥 벌칙 몇 개에 국한되지 않고 하나님 본원(本願)의 뒤바뀜이다.[17] 하나님의 형상에 따라 창조된 인간은 이제 동물과 같이 죽게 될 운명이 된 것이다.

생명의 조건으로 창조된 지구는 과거와 달리 인간의 생명을 위한 조건이 아니라 지구는 죽음의 거주지가 되었다(창 3:19). 생명의 탄생을 말하는 출산이 이제는 죽음을 불러일으키는 행동이 되었다(창 3:16). 가족에게 안전을 제공할 아담의 노동은 이제는 그에 대한 대접으로 생각됐던 자원들로 인해 위협되는 것이다(창 3:17-19).

창세기 1장에 묘사된 7일의 완벽한 균형의 구조는 지배가 허락된 이들의 반란으로 인해 뒤집히고 어지럽혀졌다는 뜻이다. 하나님의 선택을 받은 제자들의 배신은 그 제자의 통치하에 위치하는 모든 이에게 죽음을 선물한 것이다. 아담과 하와는 배반의 선택권이 있었으나 타락 이후 세계를 규율할 능력이 없어지는 결과를 나타나게 했다.

한순간에 하나님의 완벽한 세계는 분쟁, 욕구, 죽음, 불안 그리고 폭력이 있는 인간(ʾādām)의 세계가 되었다. 그리고 창조 질서에서 그들의 위치에 의해 이 모든 선택의 여파는 아담과 하와에게뿐만 아니라 그들의 통치 아래 놓여 있는 모든 것에 작용한 것이다.[18]

---

17 Richter, *Epic of Eden*, 102-112.
18 Richter, *Epic of Eden*, 114-116.

2. 우리는 뭐라 대답할 것인가?

내 생각에는 그리스도의 몸은 이 여파를 인간관계라는 무대에서 체감한다. 부패하고 착취적인 정부, 차별과 폭력, 약자의 억압 그리고 목소리가 없는 이들을 향한 박탈. 이는 신자인지와는 무관하게 누구든지 하나님의 본원이 아님을 안다. 나아가, 신앙심 깊은 기독교인에게 위와 같은 하나님의 계획에 어긋나는 상황들을 바로잡는 것이 교회의 책임임을 별도로 설교하지 않아도 된다 생각한다.

역사는 교회가 하나님의 계획에 어긋나는 상황들에 대해 가장 신속하게 자각하고 이런 문제들에 개입했다는 것을 증명한다. 대부분의 구호 단체 이름이나 노숙자 보호 단체의 이름, 병원의 이름이나 보육원의 이름에 기독, 구원, 선교, 침례교, 성(聖)이 포함된 데에는 이유가 있다.[19] 뉴욕트랙트협회의 스완손 주교(Bishop Swanson)가 이제 막 건립된 미국의 슬럼가의 견디기 어려운 여건들을 보며 1859년에 말했다.

> 그리스도의 교회는 이 도시의 골목과 뜰을 뚫고, 부서진 계단을 올라 외로이 괴로워하는 자까지 도달해야 한다. 교회는 세계의 윤리적 개편을 위해 구축됐고, 이를 의뢰받았으며 이를 위한 장비를 갖췄기 때문이다.[20]

---

[19] 역사상 최초의 민간 병원은 로마 제국 당시 기독교인들이 설립했다(Virginia Smith, *Clean: A History of Personal Hygiene and Purity* [New York: Oxford University Press, 2007], 142).

[20] Timothy Lawrence Smith, *Revivalism and Social Reform: American Protestantism on the Eve of the Civil War* (New York: Harper & Row, 1965), 173-174. 스미스의 저

1. 하나님의 청사진으로서의 창조 35

진정한 신자에 묻어나는 하나님의 성품의 흔적이 노예 제도 폐지론을 처음으로 주장하는 이들이 기독교인이었고, 마틴 루터 킹 주니어가 침례교도였고, 조합구제전도단(United Rescue Mission, 현 미국 내 최대 규모의 사립 노숙자 보호소)이 본사의 위치를 1891년 이래 로스앤젤레스의 사회적 밑바닥이라 불릴 수 있는 곳 깊숙이 지정한 이유이다.[21]

우리는 인류의 타락을 인지하고 기독교인으로서 상처가 나고 망가진 세계의 빛이 되고 소금이 되고 누룩이 돼야 한다는 것을 안다. 그러나 그런 우리가 인류의 타락이 정원에 미친 영향에 대해서는 고심하지 않는다. 우리들의 삶에서 구원의 현실이 정원에 미친 영향들에 대한 우리들의 관심과 행동을 고려해야 할 것이다. 하나님의 최종적인 목적이 우리를 통해 세계를 하나님 자신과 화해시키는 것이라면 환경에 관한 대화는 충분히 토의할 가치가 있다.

서들은 부흥(revival)과 미국의 사회 개혁의 관계에 대한 고전이다. 특히, "The Churches Help the Poor," 163-177 그리고 "The Spiritual Warfare Against Slavery," 204-224를 참고하라.

21 조합구제전도단 웹페이지는 https://urm.org/solution/에서 확인할 수 있다.

3. 논의 의제

1. 1장에서 가장 감명 깊었던 부분은 어느 부분이었는가?

2. 가장 곤란하게 느껴졌던, 감동스럽게 느껴졌던, 또는 부끄러움을 느끼게 했던 부분은 어느 부분이었는가?

3. 당신의 교회 공동체에서는 환경 이슈와 관련된 고찰을 시작하거나 대책을 마련하는 데 걸림돌이 되는 것은 무엇인가?

4. 사생활에서 환경 이슈와 관련된 고찰을 시작하는 거나 대책을 마련하는 데 걸림돌이 되는 것은 무엇인가? (최대한 솔직하게)

2

옛 언약의 사람들과 그들의 주님

하나님의 창조의 선물들의 관리자로서 의무를 다하지 못한 우리는 꼭 하나님의 심판을 받을 것이다. 지구 자체가 자연의 탐욕스럽고 무심한 착취와 무책임한 생산에 반항할 것이다.

- 리처드 바 주니어(Richard Barr Jr.), "Land Misuse: A Theological Concern" (1969)

1. 임대자인가 지주인가, 성경은 이렇게 말한다

환경적 제자도와 관련된 성경신학적 검토의 다음 단계는 이스라엘이다. 이스라엘이 이 논의에 중심적인 이유는 이스라엘이 타락한 세계에서 구원받고 하나님의 백성으로 하나님과 관계를 맺은 첫 번째 모델이기 때문이다. 이 민족은 가나안의 정당한 소유자가 여호와라는 것을 이해했다. 이는 가나안 땅이 여호수아 통치하에서 이스라엘 지파들에 나누어진 토지이고, 이스라엘에 할당된 토지의 소유권은 그들과 하나님 사이의 언약과 그들만의 율법 그리고 기타 준칙들, 즉 신명기에 기반을 둔다는 이해 아래에서 구성된 신학이다.[1] 규정은 명확하다. 국가가 여호와의 언약을 지킨다면 땅에 대한 소유권을 유지할 수 있다. 신명기 4:40은 위의 주장을 다음과 같이 정리한다.

> 오늘 내가 네게 명령하는 여호와의 규례와 명령을 지키라 너와 네 후손이 복을 받아 네 하나님 여호와께서 네게 주시는 땅에서 한 없이 오래 살리라(신 4:40).

신명기의 법적 효력의 전통은 이스라엘의 초창기부터 이어진다. 신명기에는 지속해서 다음과 같은 코러스를 볼 수 있다. 사람들이 하나님의 법을 기억하고 따른다면 살아남아 번창할 것이지만 이를 잊어 어긴다면 번창하지 않을 것이다. 복종은 생명이고 불복종은 죽음이다. 그러니 "너와 네 자손이 살기 위하여 생명을 택하고"(신 30:19). 이스라엘을 향한 생명의 축복 현현(顯現)은 약속된 땅이었다.

가나안은 여호와가 "조상 아브라함과 이삭과 야곱에게 맹세하여 그들과 그들의 후손에게 주리라 한 땅"이다(신 1:8). 고대 외교의 언어를 빌리자면, 가나안의 땅은 영주가 봉신에게 할당한 불하 토지이다. 그리고 물론, 불하된 토지는 회수될 수 있었다.[2] 이 때문에 아브

---

1 신명기를 이스라엘의 헌법(폴리테이아)으로 분석하는 시점에 대해서는 다음을 참조하라. Deuane L. Christensen (ed.), *A Song of Power and the Power of Song: Essays on the Book of Deuteronomy*, "Polity of the Covenant People: The Book of Deuteronomy" (Winona Lake, IN: Eisenbrauns, 1993), 62-77.

2 Sandra L. Richter, *The Epic of Eden: A Christian Entry into the Old Testament* (Downers Grove, IL: IVP Academic, 2008), 69-91; Mosche Weinfeld, *Theological Dictionary of the Old Testament*, G. Johannes Botterweck & Helmer Ringgren (eds.), John T. Willis et al (Grand Rapids: Eerdmans, 1975), 2:267에서 "בְּרִית"; Bill T. Ar-

라함의 후손들이 이 땅에 행복하고 생산적으로 살아갈 수 있도록 초대받았긴 했더라도 에덴동산에서도 그랬듯이 신명기는 이 땅이 결코 완전히 그들의 소유물이 되진 않을 거라 명확히 한다. 반대로, 신명기 28장이 명백히 전달하듯이, 여호와는 토지를 회수하고 "진노와 격분과 크게 통한하심으로 그들(이 땅의 주민들)을 이 땅에서 뽑아내사 다른 나라에 내던지심이 오늘과 같을" 수 있다(신 29:28).

그러나 왜 여호와는 그가 사랑하는 사람들을 그들의 땅에서 뿌리를 뽑으려고 하셨을까?

여호와는 왜 그들에게서 삶의 터전을 빼앗으려 하셨을까?

이스라엘의 이야기를 통해 우리에게 보여 주셨듯이 하나님은 이스라엘이 장기간, 반복적이며 무자비하게 언약을 위반했다고 이해했기 때문이다. 에덴에서 그랬듯이 이스라엘에서도 그랬다. 땅은 하나님의 소유물이고 그 땅에서 살아가는 것은 인류의 특혜이다.

에덴도 그렇고 가나안의 땅도 인류에 하사하는 것은 하나님의 기쁨이었다. 땅이 그 주민의 모든 필요에 응하는 것이 하나님의 계획이었다. 그러나 언제까지나 하나님의 사람들은 입주자이지 임대자가 아니었고, 사람들이 그 사실을 잊는 순간 여파가 있을 것이다.

이스라엘이 임차인이라는 사실은 십일조와 첫 열매, 모세 언약에 기재된 소와 양의 처음 난 새끼들을 하나님께 예물로 바치는 예배에 가장 잘 드러난다. 이스라엘의 사람들은 입주자가 임대자에게 임대

---

nold와 Bryan E. Beyer (eds), *Readings from the Ancient Near East: Primary Sources for Old Testament Study* (Grand Rapids: Baker Academic, 2002), 96-103 참고.

료를 지급하듯이 중앙 숭배지인 성전(tabernacle)에서 자신 임금의 일부분을 지급해야만 했다.

이스라엘의 경제는 농경물이 교환 매개물인 생업 경제였다는 상황을 고려하면, 이스라엘인들이 수확물 일부와 가축들의 일부를 교회에서 여호와께 바쳤음을 알 수 있다. 이스라엘이 신정 국가였기에, 여호와를 향한 공물은 즉 왕을 향한 공물이기도 했다.

> 너는 마땅히 매년 토지 소산의 십일조를 드릴 것이며 네 하나님 여호와 앞 곧 여호와께서 그의 이름을 두시려고[3] 택하신 곳에서 네 곡식과 포도주와 기름의 십일조를 먹으며 또 네 소와 양의 처음 난 것을 먹고 네 하나님 여호와 경외하기를 항상 배울 것이니라(신 14:22-23).[4]

> 네 소와 양의 처음 난 수컷은 구별하여 네 하나님 여호와께 드릴 것이니 네 소의 첫 새끼는 부리지 말고 네 양의 첫 새끼의 털은 깎지 말고 너와 네 가족은 매년 여호와께서 택하신 곳 네 하나님 여호와 앞에서 먹을지니라(신 15:19-20).

---

3 '이름을 두다'(to place one's name)는 고대 관용어로서 왕이 건축물이나 기념물에 자신의 이름을 각인함을 의미했다. '이름을 두는 것'은 이름이 각인된 건축물이나 기념물이 각인된 이름의 왕의 소유물임을 표시했다. Sandra L. Richter, *The Deuteronomistic History and the Name Theology: lešakkēn šemo šām in the Bible and the Ancient Near East,* Beihefte zur Zeitschrift für die alttestamentliche Wissenschaft 318 (Berlin: de Gruyter, 2002); Richter, "The Place of the Name in Deuteronomy," *Vetus Testamentum* 57 (2007): 342-345를 참고.

4 출애굽기 22:28의 법이 여기서 개정된다. 가나안 전반에 고대 히브리인들이 흩어지면서 처음 난 새끼들을 매월 8일, 여덟 번째 날에 공물로 바쳐지는 대신 매년 1회로 제한됐다.

제사장이 백성에게서 받을 몫은 이러하니 곧 그 드리는 제물의 소나 양이나 그 앞다리와 두 볼과 위라 이것을 제사장에게 줄 것이요 또 네가 처음 거둔 곡식과 포도주와 기름과 네가 처음 깎은 양털을 네가 그에게 줄 것이니[5] 이는 네 하나님 여호와께서 네 모든 지파 중에서 그를 택하여 내시고 그와 그의 자손에게 항상 여호와의 이름으로 서서 섬기게 하셨음이니라(신 18:3-5).

고대 근동의 문화가 친숙하지 않은 이들을 위해 설명하자면, 십일조는 이스라엘의 일반 세금으로 이해하는 것이 좋다. 공물과 제물 체계는 두 개의 중요한 기능을 했다.

(1) 이스라엘을 하나님의 정부 하의 세입자이자 하급자로 인정하고
(2) 그들 사이에 땅이 없는 이들의 필요에 대답하는 것이다(신 14:28-29; 26:12-16).[6]

그러나 월세 납부를 생각할 때 우리가 느끼는 감정과는 달리 신명기에서는 십일조를 축제로 표현하기도 한다. 고대 히브리인이 교회

---

[5] 고대 히브리 사회에서는 소보다 양이 압도적으로 많았다. 양으로부터 젖과 고기를 얻었고, 소는 곡류의 재배에 이용됐다. Baruch Rosen, *From Nomadism to Monarchy: Archeological and Historical Aspects of Early Israel*; Israel Finkelstein and Nadav Na'aman (eds.), "Subsistence Economy in Iron Age I", *Jerusalem: Israel Exploration Society*, 1994, 339-349를 잠언 14:4와 비교하라. 또, Baruch Rosen, *Izbet Ṣarṭah: An Early Iron Age Site near Rosh Ha'ayin*, Israel Finkelstein (ed.), "Subsistence Ecnomomy of Stratum II", *BAR International Series* 299 [Oxford: B.A.R., 1986], 180 참고.

[6] Patrick D. Miller, *The Religion of Ancient Israel* (Louisville, KY: Westminster John Knox, 2000), 120-121.

의 의원과 시설을 그리고 사회적 약자까지 지원할 수 있는 실질적인 선물로 하나님에 감사를 표하고 예배를 하는 축제로 해석해서 말이다. 기부된 대부분의 육류는 되돌아 숭배자에게 돌아갔기 때문에 공물은 사실상 대가족이 함께 즐길 수 있는 만찬을 위한 자원을 지원하기도 했다.[7]

초태생에 관한 법은 일반적으로 잘 알려지지 않은 법률이다.

자연스럽게 "목축업자에게 처음 난 새끼가 왜 특별한가?"

이런 질문을 유도하는 법률이기도 하다. 이전에는 내 제자였으며, 현재는 텍사스주 스윗워터시(Sweetwater, TX) 소재 제일연합감리교회(First United Methodist Church)의 목사인 라이언 스트레벡(Ryan Strebeck)은 이 질문을 해결하는 데 도움을 주었다. 스트레벡은 뉴멕시코의 동부와 캔자스주의 엘크 시티(Elk City, KS) 출신으로 3대째 목장을 경영하는 경영자였다. 처음 난 송아지에 대해 잘 알고 있다는 뜻이다.

스트레벡에 따르면 처음 난 송아지 자체에 그 이후 낳은 송아지와 비교했을 때 구별될 만한 특징은 없다. 다른 것은 "첫 출산의 허약함"이라 한다. (사람도 그렇듯이) 소의 첫 출산의 심리적 충격이 차후의 출산에 비교해 막대하듯 하다. 이에 따라 스트레벡은 "유산이나 출산 이후 송아지를 내버려 두는 경우가 출산 경험이 있는 소보다 그런 경험이 없는 소에 많이 있다. 이를 고려할 때, 첫 송아지가 소중하게 여겨지는 것은 그것의 죽을 확률이 높기 때문이라 생각한다"라고 말한다.[8]

---

7 Patrick D. Miller, *Religion of Ancient Israel* (Louisville, KY: Westminster John Knox, 2000), 120-121
8 스트레벡 가정 목장(Strebeck Family Ranch)의 스트레벡 라이언 (개인적 대화,

그는 현대의 목축업계에서는 송아지를 내버려 두는 소는 경제적 위협으로 간주하기에 도살 처분을 받는다고 추가했다. 중앙 켄터키 출신 가족의 목축업을 물려받은 6대 가장이자 엘름우드 목축장의 (Elmwood Stock Farm) 안 벨 스톤(Ann Bell Stone)은 양들의 경우에도 비슷한 모습이 보인다 했다. 그의 가족은 수 세대를 걸쳐 서퍽(Suffock) 종과 도르셋(Dorset) 종의 이종 교배 양들의 떼를 기르고 있다.

스트레벡과 비슷하게 스톤도 양의 첫 아이가 이후에 태어난 아이와 구분될 수 있는 특별한 부분은 없다 했다. 그러나 첫 아이가 암양의 생식 능력을 암시한다 했다. 양은 다수의 자식을 낳는 경향이 있어 암양이 첫 출산에 쌍둥이나 세쌍둥이를 낳는 경우 그 양은 보유 가치가 있다고 판단할 수 있는 요인이 된다고 한다.[9]

위의 예시에 근거하여 처음 난 새끼 자체가 중요한 것이 아니라 징조로서 역할이 중요하다는 것을 추론할 수 있다. 건강하고 활기찬 첫 새끼는 그 어느 목축업자에게도 굉장한 축복이자 앞으로 올 행운의 징조라는 뜻이다. 나아가, 스톤이 언급했듯이, 첫 새끼는 목축업자에게, 첫 수확물은 농업자에게 '기나긴 굶주림의 계절' 이후 생산된 노동과 기다림의 결과물이다.

결론적으로, 첫 새끼를 공물로 바치는 행위는, 목축업자나 농업자와 그의 가족이 첫 새끼나 첫 수확물을 위해 장기간 기다렸다는 의

2008년 9월 8일)
9 엘름우드 목축장의 스톤 안 벨 (개인적 대화, 2008년 9월 11일). Sandra L. Richter, "Environmental Law in Deuteronomy: One Lens on a Biblical Theology of Creation Care," *Bulletin for Biblical Research* 20 (2010): 355-376과 비교하라.

미에서 중대한 희생이면서도, 첫 새끼나 첫 수확물을 뒤따라 더 많은 새끼가 태어난다거나 더 많은 농업 생산물이 수확될 것이라는 확신이 하나님께 대한 신념 이외에는 없다는 의미에서 중대한 자신감의 표현이기도 하다.

신명기의 법규에 관한 대화로 돌아가자. 첫 새끼는 부리지말고 그의 털이 깎여서도 안 된다(신 15:19). 이는 첫 새끼로부터 추출할 수 있는 경제적 이윤에 관한 소유권은 전부 여호와에게 있다는 의미이다. 팔레스타인과 같은 지역에서의 목표 출산 치가 양 새끼 2마리(그중 한 마리는 봄에 출산시킬 것)라는 사실과 최고급의 고기는 태어나서 2월에서 5월된, 이유를 시작한 수컷이라는 사실을 고려한다면 교회에 바쳐진 공물은 가을에 태어난 최고급 고기를 소지한 수컷일 것이다.

공물을 이렇게 거두는 데에는 두 장점이 있었다. 하나는 대가족의 만찬에 최고급 고기를 사용할 수 있다는 것이고, 하나는 때의 수컷 수를 조절할 수 있다는 것이다. 첫 새끼의 도축이 특수한 교회 내의 도축장에서만 행해졌다는 사실과 도축의 산물로 얻은 고기가 상하지 않기 위해서는 현장에서 즉시 도살해야 했다는 사실은, 고대 히브리인들의 마을에서 발굴된 양 뼈, 염소 뼈 그리고 소뼈의 수가 적은데도 예배당에서는 그런 뼈들이 다수 발굴됐는지를 설명한다.[10]

10　Rosen, "Subsistence Economy of Stratum II," 177-178; Timothy S. Laniak, *Shepherds After My Own Heart: Pastoral Traditions and Leadership in the Bible*, New Studies in Biblical Theology 20 (Downers Grove, IL: InterVarsity Press, 2006), 42-57; Gudrun Dahl and Anders Hjort, *Having Herds: Pastoral Herd Growth and Household Economy*, Stockholm Studies in Social Anthropology 2 (Stockholm: Dept. of Social Anthropology, University of Stockholm, 1976); Brian Hesse, "Animal Husbandry and Human Diet in the Ancient Near East," *Civilizations of the*

이 많은 사실과 추론으로부터 우리가 얻어 가야 할 결론은 이스라엘 사람들의 예배 또는 숭배 구조가, 그 어느 보유물도 본인의 소유물은 아니라는 일반적인 견해를 중심으로 설립됐다는 것이다. 그들에게 만물의 소유주는 여호와였다. 이 결론을 주안점으로 분석을 계속한다면, 여호와의 거룩한 주권이 이스라엘의 세금 제도 또한 위의 견해에 기반을 뒀다는 것을 알 수 있다. 세금은 이스라엘 사람들이 여호와의 땅의 임차인일 뿐이라는 사실을 알려 주는 표증이라는 것이다.

이스라엘이 연중 그의 영토에서 생산된 산물 중 일부를 거룩한 왕, 하나님께 정기적으로 내도록 명받은 것은 하나님이 그 땅을 소유하시기 때문이다. 신명기의 역사 깊은 법적 구조의 중심은 이스라엘의 세입자 신분을 명시하는 명령문으로 도입되고 결론지어진다. 신명기 12:10-12는 율법을 시작하며 중심 예배에 공물을 (임차료나 세금의 형태로) 납부할 것을 다음과 같이 규정한다.

> 너희가 요단을 건너 너희 하나님 여호와께서 너희에게 기업으로 주시는 땅에 거주하게 될 때 또는 여호와께서 너희에게 너희 주위의 모든 대적을 이기게 하시고 너희에게 안식을 주사 너희를 평안히 거주하게 하실 때에 너희는 너희의 하나님 여호와께서 자기 이름을 두시려고 택하실 그 곳으로 내가 명령하는 것을 모

Ancient Near East, Jack M. Sasson (ed.) 1995; repr. in 2 vols., (Peabody, MA: Hendrickson, 2006), 1:203-222 참고. Richter, "The Question of Provenance and the Economics of Deuteronomy," *Journal for the Study of the Old Testament* 412 (2017): 23-50; Richter, "The Archeology of Mt. Ebal and Mt. Gerizim and Why It Matters," *Sepher Torath Mosheh: Studies in the Composition and Interpretation of Deuteronomy*, Daniel I. Block and Richard L. Schultz ed (Peabody, MA: Hendrickson, 2017), 311-316 참고.

두 가지고 갈지니 곧 너희의 번제와 너희의 희생과 너희의 십일조와 너희 손의 거제와 너희가 여호와께 서원하는 모든 아름다운 서원물을 가져가고 너희와 너희의 자녀와 노비와 함께 너희의 하나님 여호와 앞에서 즐거워할 것이요 네 성중에 있는 레위인과도 그리할지니 레위인은 너희 중에 분깃이나 기업이 없음이니라 (신 12:10-12).

신명기 26:1-11은 같은 메시지로 율법을 끝마친다.

네 하나님 여호와께서 네게 기업으로 주어 차지하게 하실 땅에 네가 들어가서 거기에 거주할 때에 네 하나님 여호와께서 네게 주신 땅에서 그 토지의 모든 소산의 맏물을 거둔 후에 그것을 가져다가 광주리에 담고 네 하나님 여호와께서 그의 이름을 두시려고 택하신 곳으로 그것을 가지고 가서 그 때의 제사장에게 나아가 그에게 이르기를 내가 오늘 당신의 하나님 여호와께 아뢰나이다 내가 여호와께서 우리에게 주시겠다고 우리 조상들에게 맹세하신 땅에 이르렀나이다 할 것이요 제사장은 네 손에서 그 광주리를 받아서 네 하나님 여호와의 제단 앞에 놓을 것이며 너는 또 네 하나님 여호와 앞에 아뢰기를 내 조상은 방랑하는 아람 사람으로서 애굽에 내려가 거기에서 소수로 거류했더니 거기에서 크고 강하고 번성한 민족이 되었는데 애굽 사람이 우리를 학대하며 우리를 괴롭히며 우리에게 중노동을 시키므로 우리가 우리 조상의 하나님 여호와께 부르짖었더니 여호와께서 우리 음성을 들으시고 우리의 고통과 신고와 압제를 보시고 여호와께서 강한 손과 편 팔과 큰 위엄과 이적과 기사로 우리를 애굽에서 인도하여 내시고 이곳으로 인도하사 이 땅 곧 젖과 꿀이 흐르는 땅을 주셨나이다 여호와여 이제 내가 주께서 내게 주신 토지 소산의 맏물을 가져왔나이다 하고 너는 그것을 네 하나님 여호와 앞에 두고 네 하나님 여호와 앞에 경배할 것이며 네 하나님 여호와께서 너와 네 집에 주신 모든 복으로 말미암아 너는 레위인과 너희 가운데에 거류하는 객과 함께 즐거워할지니라(신 26:1-11).

고대 이스라엘의 헌법이자 법전인 신명기는 하나님의 사람들에게 할당된 고대 이스라엘의 영토와 그 영토의 산물이 여호와의 것이라 명백히 밝힌다. 이스라엘의 부족들은 여호와가 그들에게 매우 기뻐하며 할당한 영토의 세입자일 뿐이다.[11]

2. 지속 가능한 농업에 대해, 성경은 이렇게 말한다

이스라엘의 지속 가능한 농업에 대한 하나님의 기대를 분석하자. 여호와가 가나안 땅을 실제로 소유했다는 이스라엘의 이해와 일치하여 토지의 비옥함을 지속시키기 위한 많은 법이 제정되었다. 성경

---

11 신명기는 각 부족이 정확히 어느 땅을 할당받았는지는 명시하지 않았지만 레위인에게는 할당된 땅이 없다는 반복적인 언급(신 10:9; 12:12; 14:27; 18:1; 29:8), 도피하는 자의 성읍에 대한 언급(신 4:41; 19:2, 7), 트랜스요르단의 부족들 사이 이뤄졌던 할당 영토에 관한 토의(신 29:8), 신명기 33장에 지파마다 할당된 영토의 묘사(tribal blessings)에 지형학적인 설명이 주기적으로 등장하는 것마저 고려했을 때, 여호수아 12-24장에서 그렇듯이 신명기 저자도 부족마다 할당된 땅을 명시할 의도가 있었음은 명확하다. 영토의 본래 소유권은 여호와에게 있기에 각 부족에 할당된 영토는 그 어느 시점에서도(영구적으로) 매도해선 안 됐다(레 25:13-17, 23; 사 5:8과 비교). 그러므로, 고대 히브리인들은 서로는 물론, 서로에게 할당된 토지도 매매하여 남용해선 안 됐다. 민간 토지 매매에 관한 보로프스키 오뎃(Oded Borowski)의 저서 *Agriculture in Iron Age Israel* (Boston: American Schools of Oriental Research, 2002), 23-26을 참고하라.

에 묘사된 중심적인 취지는 고대 히브리인의 각 세대는 자신이 토지를 분양받았을 때의 비옥함을 유지하여 다음 세대에게 분양하는 것이다. 위에 언급한 법규의 기반은 안식일의 휴식을 규정하는 규례이자 명령이다. 토지가 회복할 수 있도록 정기적으로 생산 활동을 중지하라는 인류를 향한 지시이다.[12]

출애굽기 23:10-12이다.

> 너는 여섯 해 동안은 너의 땅에 파종하여 그 소산을 거두고 일곱째 해에는 갈지 말고 묵혀두어서 네 백성의 가난한 자들이 먹게 하라 그 남은 것은 들짐승이 먹으리라 네 포도원과 감람원도 그리할지니라 너는 엿새 동안에 네 일을 하고 일곱째 날에는 쉬라 네 소와 나귀가 쉴 것이며 네 여종의 자식과 나그네가 숨을 돌리리라 (출 23:10-12).

레위기 25:4-7은 이 법규를 재언하고 구체화한다.

> 일곱째 해에는 그 땅이 쉬어 안식하게 할지니 여호와께 대한 안식이라 너는 그 밭에 파종하거나 포도원을 가꾸지 말며 네가 거둔 후에 자라난 것을 거두지 말고 가꾸지 아니한 포도나무가 맺은 열매를 거두지 말라 이는 땅의 안식년임이니라 안식년의 소출은 너희가 먹을 것이니 너와 네 남종과 네 여종과 네 품꾼과 너와 함

---

[12] J. 고든 맥콘빌(J. Gordon McConville)이 말하듯이, 신명기 5:12는 육지와 육지 생물의 휴식을 명령하는 출애굽기 20:8의 "고의적인 재묘사(再描寫)이다"(*Deuteronomy*, Apollos Old Testament Commentaries 5 [Leicester, UK: Inter-Varsity Press, 2002], 121-122, 128).

께 거류하는 자들과 네 가축과 네 땅에 있는 들짐승들이 다 그 소출로 먹을 것을 삼을지니라(레 25:4-7).

다시 말하자면, 인류에게 안식일의 쉼이 주어졌듯이 토지에도 안식이 주어진 것이다. 농업계의 전문 용어로 '휴한'(休閑)과 같은 방책이다. 휴한이란 쟁기질이 다 된 토지에 농작물이 자라는 성장기라 하더라도 씨앗을 뿌리지 않는 농법을 말한다. 전통 깊은 이 농업 방책은 토지의 비옥함을 회복시키는 데 이바지할 뿐 아니라 한 식물 종만 반복적으로 재배할 때 발생하는 특정 식물 종만을 감염하는 질병들의 생물학적인 순환 주기를 방해하여 그 전파를 예방하는 기능도 갖는다. 데이비드 홉킨스는 초기 이스라엘 사회가 "의심할 여지없이 1년은 농작 재배에, 1년은 휴한기로 지정한 단기 휴한 방책을 이용했다 한다"[13]라고 말한다. 나아가, 농작 목축업자라면 알겠지만, 휴한지는 목축 동물의 방목지 역할도 우수하게 수행한다.[14] 올해 수확의 잔물(殘物)은 그다음 해의 가축을 위한 훌륭한 영양분원이 된다.

가축이 먹을거리를 찾으면서는 물론, 단순히 발굽으로도 땅이 숨을 쉴 수 있도록 하며 수확의 다음 해에 재배될 농작물이 잘 자랄 수 있도록 질소와 인(phosphorus)을 거름을 통해 토지에 관대하게 주입해

---

13 데이비드 C. 홉킨스(David C. Hopkins), "Life on the Land: The Subsistence Struggles of Early Israel," *Biblical Archeologist* 50 (1987): 185. 유기 농업의 경우 현재도 위와 같은 이유로 비슷한 휴한 방책을 따른다.
14 "Mixed Crop-Livestock Farming: A Review of Traditional Technologies Based on Literature and Field Experience," 국제연합식량연합기구(UNFAO), FAO Animal Production and Health Papers 152, www.fao.org/3/Y0501E/y0501e00.htm#toc를 참고하라.

준다.[15] 이 모든 방책을 활용하여 고대 히브리의 농부들은 자신들의 농작지의 미생물계를 보조하고 향상해 불모의 땅을 만들거나 기근 혹은 농업적 근거에 기반을 둬 타지로 강제 이전하는 것을 예방할 수 있었다.[16]

여기서 짚고 넘어가야 하는 사항이 있다. 위와 같은 휴한 방책은 단기 생산량을 감소시켰다는 것이다. 노르만 요피(Norman Yoffee)가 추정하기를, B.C. 18세기 후기 바빌로니아의 농업 붕괴의 중대한 원인 중 하나가 단기 수확량을 늘리기 위한 함무라비 법전의 휴한법 개정일 정도로, 이 법 개정이 필요할 정도로 생산 감소량은 상당했다.[17]

---

15 농작 생태계에서 거름의 역할에 대해서는 Rosen의 "Subsistence Economy in Iron Age I," 344-345와 Borowski의 *Agriculture in Iron Age Israel*, 145-148를 참고하라.
16 Borowski, *Agriculture in Iron Age Israel*, 95. 오리건주립대학 식물학식물병리학과 교수 뮈르 파트리시아(Muir Patricia)에 따르면 "토지의 농경지화는 보편적인 인과 관계가 있다고 말할 수 있을 정도로 흔히 토지 내 유기물 양의 급감과 토지 내 질소물 양의 급감과를 가져온다"라고 하는 데에 추가해 "중서 미국의 프래리 토양이 이런 현상을 극적으로 잘 보여 주는 예시인데, 이 지역의 토지에서는 재배를 시작했을 당시를 기준으로 유기물 양이 3분의 1에서 2분의 1 수준으로 줄었다"라고 기재한다(뮈르 파트리시아, "Consequences for Organic Matter in Soils," http://people.oregonstate.edu/~muirp/orgmatter.htm).
17 휴한기를 충분히 갖추지 않은 것과 관련한 메소포타미아의 역사에 대해서는 토르킬드 야콥센(Thorkild Jacobsen)과 로베르트 아담스(Robert M. Adams)의 "Salt and Silt in Ancient Mesopotamian Agriculture," *Science* 128 (1958): 1251-1258을 참고하라. Norman Yoffee, *The Collapse of Ancient States and Civilizaitons*, Yoffee and George L. Cowgill (eds.), "The Collapse of Ancient Mesopotamian States and Civilization" (Tucson: University of Arizona Press, 1991), 53, Borowski, *Agriculture in Iron Age Israeli*, 148과 비교. 야콥센과 아담스는 "B.C. 2400년 즈음 기르수(Girsu)에서 1헥타르당 평균 수확량은 현대의 미국이나 캐나다가 무시하지 못할 2537리터였다. 이 수치는 B.C. 2100년경에는 1460리터로 줄었고 B.C. 1700년 즈음까지에는 근방에 있는 라르사(Larsa)의 기록을 근거로 헥타르당 897리터로 줄었다는 것을 알 수 있다"라고 한다(야콥센과 아담스, "Salt and Silt", 1252). 요피는 "왕권이 관리하는 토지에서는 휴한기를 줄이거나 제거시키는 결정이 있었을 수 있다. 이런 결정은 같은 토지에서 동기간에 더 많은 수확량을 생산하는 것을 결과로 할 것이니 단기적으로 재정 상황을 완화했을 것이다. 그러나 결국

반대로 이스라엘의 농업 체제의 안식일 명령은 단기 수확량은 줄였지만, 장기 생산성을 보장했다.[18] 오늘도 그렇듯이 그때 당시에도 토지 비옥도의 장기적 보호는 약자의 보호였다.[19] 개인적으로는 "일과 세와의 실(實)한 단절: 완전히 분리된 시간"[20]인 안식일이 하나님이 요구하는 장기적인 시야를 도모했다는 것이 흥미롭다.

토지가 지속할 수 있게 비옥할 것을 목표로 삼은 고대의 농부에게는 윤작이라는 세 번째 무기가 있었다. 메소포타미아 도시화의 역사가 극적으로 보여 주듯이, 같은 땅 위에 같은 작물만을 반복적으로 재배할 경우 토지의 영양분은 사라지고 반복적으로 재배되는 농작물에 특화된 해충과 병의 증식을 유도한다는 것이 모든 유기농 농부의

에는 총생산량의 감소로 이를 것으로 보인다"라고 추가한다("Collapse of Mesopotamian States," 53). 마빈 A. 파월(Marvin A. Powell), "Salt, Seed, and Yields in Sumerian Agriculture: A Critique of the Theory of Progressive Salinization," *Zeitschrift für Assyriologie und Vorderasiatische Archäologie* 75 (1985): 7-38. 요피의 이론에 따르면 메소포타미아의 토지가 과도한 재배로 염화(salination)될 위험이 함무라비의 중앙 집권화로 악화된 것이다.

18 Lawson G. Stone, "Whorship as Cherishing YHWH's World in Levictus"(성경학연구협회[Annual Meeting of the Institute for Biblical Research] 회의에서의 발표문, 뉴얼리언스, 2009년 11월 21일).

19 이 주제와 관련된 글은 방대하고 여러 학문을 걸친다. 입문점으로는 스코트 세이빈(Scott Sabin), "Environmental Emigration: The World on Our Doorstep," *Creation Care* 37 (2008년 추기): 37-38를 참고하라(세이빈은 사회적 약자의 사회경제적 복지를 보장하기 위해 토착민 서식지의 복원에 전념하는 기구 Plant with Purpose의 집행위원장이다. https://plantwithpurpose.org/board/) 파반 수크데브(Pavan Sukhdev), "The Ecnonomics of Ecosystems and Biodiversity – TEEB," interrim report, 2008년 5월 29일 또한 참고하라. 요약본은 EurekAlert!에서 확인할 수 있다(2008년 5월 29일, www.eurekalert.org/pub_releases/2008-05/haogteo052908.php). TEEB에 관한 정보는 http://ec.europa.eu/environment/nature/biodiversity/economics/에서 확인할 수 있다.

20 로렌 F. 윈너(Lauren F. Winner), *The Madhouse Sabbath* (Brewster, MA: Paraclete Press, 2003), 10.

통일된 의견일 것이다.[21]

반대로 윤작은 토내 질소 물량을 회복시킨다. (콩과 식물과 같은 특정 식물을 활용한 윤작은 더욱 그렇다.)[22] (사회적 약자를 위해 농작물의 일부를 농지에 남길 것을 명하는) 이삭줍기와 관련된 법들 또한 지속 가능성에 이바지한다. 수확되지 않은 농작물은 농업공학 용어로 '작물잔해'라는 것을 남기며 이는 토지에 부엽토를 제공한다.[23]

그러므로 우리는 이스라엘의 토지 안식일 제도가 농지의 장기 비옥도를 보존했음을 알 수 있다. 생산량은 줄었으나[24] 장기적 생산성을 보증하여 지속 가능한 농업 관행들을 장려한 이 제도는 구약성경에서는 '정의'로 받아들여졌다(욥 31:38-40). 중요한 것은, 현대 농업

---

21 Borowski, *Agriculture in Iron Age Israel*, 148.
22 브로프스키는 신명기 22:9와 레위기 19:19에 기록된 "두 종자를 섞어 뿌리지 말"라는 kil' ayim의 타부에서 이스라엘에서 윤작이 진행됐다는 증거를 찾았다고 했다(*Agriculture in Iron Age Israel*, 150-151). David R. Harris and Gordon C. Hillman (eds.), *Foraging and Farming: The Evolution of Plant Exploitation* (London: Unwin Hyman, 1989) 중 Gideon Ladzinsky의 "Origin and Domestication of the Southwest Asian Grain Legumes," 374-389를 참고하고 Borowski, *Agriculture in Iron Age Israel*, 95와 비교하라. 고대 히브리법과는 다르게 미국 연방법은 사실 윤작이나 휴한을 말리는 편이다. 뮈르는 "수년간 미국 농업 정책은 사실상 농작을 금했다. 보조금 전금을 받거나 이외의 재정적 지원을 받기 위해서는 토지의 일정 부분을 특정 농작물에 할당해야 했고 이는 제대로된 윤작을 불가능하게 했다"라고 한다("Consequences for Organic Matter in Soils"). 그에 따르면 위와 같은 농작 정책들은 결국엔 화학 비료를 필요하게 만든다. 물론 화학 비료는 토지를 즉각적으로 회생시키고 필히 일정한 생산량을 보증하지만 초장기적으로는 토지의 비옥함을 전멸시키는 결과에 이른다. 유기 비료와 무기 비료의 사용과 토지 구조의 비옥도의 관계에 대한 뮈르의 요약을 참고하라("Consequences for Organic Matter in Soils").
23 뮈르가 말하듯이 유기물, 즉 부엽토는, 토지의 수분 보유력 유지, 에어레이션(aeration, 공기가 토지에 섞이는 것), 양성(良性)토 내 생물체의 유지 그리고 천연 비료의 흡수에 필수적이다("Consequences for Organic Matter in Soils").
24 Hopkins, "Life of the Land," 185.

과학이 현대의 지속 불가능한 농업 관행들이 비옥도 감소, 영양소 물량 감소 그리고 불모지의 증가와 같은 재앙을 불러일으키리라 예견한다는 사실이다. 이후에도 다룰 얘기이지만, 이와 같은 재앙들은 사회적으로 배제된 이들에게 더더욱 파멸적인 영향을 끼친다.

내가 하고 싶은 말은 현대 농업계가 철기의 농업 방책을 모방하라는 말이 아니다. 이스라엘의 휴한 정책의 기반을 마련하는 사상적 원칙 중에서 현대의 농업지 관리를 이끌 만한 원칙이 있을 가능성을 제안하는 것일 뿐이다. 특정 토지 위의 거주자들이 그 토지를 극도로 착취하여 가져갈 수 있는 모든 것을 가져가는 관행은 받아들일 수 없는 관행이라는 말이다.

이와는 반대로, 이스라엘의 법규가 우리에게 가르치듯이, 하나님의 백성에게는 토지의 장기적인 지속성이 최종 목표가 될 수 있도록 하나님은 명령하셨다. 하나님의 백성에게는 단기 수확량이 줄어든다 하더라도 땅이 자체적으로 회복할 수 있도록, 후세대의 수확량을 보증할 수 있도록, 너무 많은 것을 가져가지 않을 것을 명령하셨다. 그 이유는 레위기에서 간단명료하게 기술돼 있다.

> 나는 너희의 하나님 여호와이니라(레 25:17).
>
> 토지는 다 내 것임이니라(레 25:23).[25]

---

[25] 레위기 26:34-35, 43에서 여호와는 이스라엘이 안식일을 준수하지 않았기 때문에 그 땅은 안식을 누리게 할 것이라고 말한다.

신명기에서는 바른 방향으로 이유를 서술해 내지만 비슷한 설득력이 있다. 신명기에 따라서는 "너희가 차지한 땅에서 너희의 날이 길"도록 이 명령을 따르라 한다(신 5:33; 30:18; 32:47). 즉, 여호와의 땅이고 여호와의 작물이고 여호와가 후세대를 위해 땅의 비옥함을 유지하고 싶으셔서 우리는 하나님의 안식 명령을 따라야 한다.[26]

한마디로 하자면, 이스라엘의 율법은 경제적 안전성과 경제 성장이 토지의 착취를 정당화하는 근거가 아니라는 것과 진실한 경제적 복리는 토지의 조심스러운 관리, 즉 제자도 정신에서 파생되었음을 가르쳤다는 뜻이다.

3. 사례 연구: 상업 농업과 인도의 펀자브주(州)

위에서 논의한 성경의 법칙들과 녹색 혁명을 살펴보자. 어떻게 보면 원시적이라고 할 수 있는 성경의 원칙들을 현대 환경 문제 중 가장 위험한 사안 중 하나인 1968년의 '녹색 혁명'과 비교하면 실패한 원칙은 성경이 아니라 녹색 혁명임을 알 수 있다. 녹색 혁명이란 윌리엄 고드(William Gaud)가 만든 용어로 소위 산업화 농업이라 불리는 정책들을 가리킨다.[27] 녹색 혁명은 제2차 세계대전 이후 식량 부족에

---

26 이집트와 메소포타미아의 법규도 토지의 관리 책임은 입주자에 부여한다는 것을 참고하라(Cristopher Eyre, "The Agricultural Cycle, Farming and Water Management in the Ancient Near East," in Sasson, *Civilizations of the Ancient Near East*, 1:185).

27 윌리엄 고드는 미국연방국제개발처(Department of State's Agency for Interna-

2. 옛 언약의 사람들과 그들의 주님   55

대응하기 위해 도입된 미국의 정책이다.

이 정책은 세계 식품 생산량의 증진을 목표로 인조 비료와 살충제와 함께 생산량이 높은 곡식 종의 개발과 유통, 관개(灌漑) 인프라의 현대화 그리고 새로운 농업 경영 방책의 도입을 추진했다. 너무나도 성공적인 나머지 '녹색 혁명의 아버지'라 불리는 노먼 볼로그(Normal Borlaug)는 제3세계 국가 내에서의 빈곤에 끝을 냈다는 근거로 1970년에 노벨평화상을 수상했다.

그러나 이와 같은 성공에도 비용은 있었다. 화학 비료와 살충제 활용의 급증과 곡물 교배종의 도입, (같은 농경지에 장기간 오직 한 가지의 농작물을 재배하는) 단일 재배 농업의 결과로 볼로그를 영웅으로서 찬양하던 바로 그 국가들이 농업적 재앙을 눈앞에 마주하고 있다. 이를 잘 보여 주는 예시가 인도의 펀자브 지역이다. 1997년 9월에 펀자브 지역은 "농업을 통한 성장의 최고의 예"로 인지됐다.[28]

펀자브 지역은 인도 내 밀의 최고 생산지로 거듭났고 인도를 밀의 총수출국으로 이끌었다. 그러나 2009년 4월, <NPR> 라디오 방송국

---

tional Development)의 처장이었고, 1968년 3월 8일 국제개발협회(Society for International Development)에서의 연설에서 녹색 혁명이라는 용어를 처음 활용했다. 녹색 혁명이라는 정책이 집중적으로 함양한 것은 제3세계 국가들의 식품 체계에 중심적인 역할을 맡는 밀과 쌀의 생산이었다. 곧이어 생산량이 높은 옥수수종, 수수종 그리고 좁쌀종도 개발됐다. Gaud, "The Green Revolutions: Accomplishments and Apprehensions," AgBioWorld, 1968년 3월 8일, www.agbioworld.org/biotech-info/topics/borlaugh/borlaugh-green.html.

28 Deepali Singhal Kohli and Nirvikar Singh, "The Green Revolution in Punjab, India: The Ecnonomics of Technological Change" (남아기관[South Asian Institute] 펀자브 농업 회의에 발표된 논문[Agriculture of Punjab conference], Columbia University, 1995년 4월 1일; 1997 9월 보정), 2, http://people.ucsc.edu/~boxjenk/greenrev.pdf.

은 "인도의 곡창 지대로서 유명한 펀자브가" "붕괴로 향한다"라고 공표했다.[29] 성장기가 지난 30년 후, 30년 이전 기준 동일한 재배량을 생산하기 위해 3배의 화학 비료를 활용하고 있었다.

더 나아가, 살충제 중독과 암의 급증을 근거로 펀자브 내 살충제 활용량은 늘어났다는 것은 알 수 있지만, 곤충들은 면역력을 얻게 됐다.[30] 인도는 오리건주립대 농업과학대학 명예교수 파트리샤 뮈르가 예견한 비유기 화학 비료, 즉 무기화학 비료에 대한 과다 의존의 필연적인 결과를 몸소 체험하고 있었다.

결국, 농업 경영자들이 유기물을 충분히 고려하지 않고 무기 비료를 활용하게 되면 일방통행로로 들어서는 것과 다름없다. 재배량을 유지하기 위해 지속해서 투여하는 비료의 물량을 증가해야 한다. 중독성 강한 물질을 갈망해 복용하면 복용할수록 중독성 물질 복용 만족도가 줄어드는 것과 비슷하게 생각할 수 있다.[31] 녹색 혁명은 화학 비료와 살충제의 영향에 더해 수자원 위기도 발생시켰다. 펀자브 지역에 재배되는 작물들은 재래적인 작물들과 비교했을 때 과량의 물을 필요하기 때문이다. 30미터 깊이의 우물로 나오는 지하수로 충분했던 수자원 양은 이제 200미터 깊이로 파내지기 시작했다. 2011년 기준 지역의 지하수 평가 구역의 79퍼센트가 '과다개발'됐거나 '심각'

---

29 다니엘 져들링(Daniel Zwerdling), "India's Farming 'Revolution' Heading for Collapse," *All Things Considered*, 2009년 4월 13일, www.npr.org/templates/story/story.php?storyId=102893816.

30 Daniel Pepper, "The Toxic Consequences of the Green Revolution," *U.S. News and World Report*, 2008년 7월 7일, www.usnews.com/news/world/articles/2008/07/07/the-toxic-consequences-of-the-green-revolution을 참고하라.

31 Muir, "Consequences for Organic Matter in Soils."

한 상태였다.³² 공급량에 비교했을 때 터무니없이 많은 수자원을 활용하고 있었다.

'펀자브주농업자위원회'(Punjab State Farmers Commision) 의장 칼카트(G. S. Kalkat)는 "농업자들의 농업 체계가 급격히 변화하지 않으면 인도 농업의 중심지가 10-15년 후에 황무지화될 수 있다"라고 했

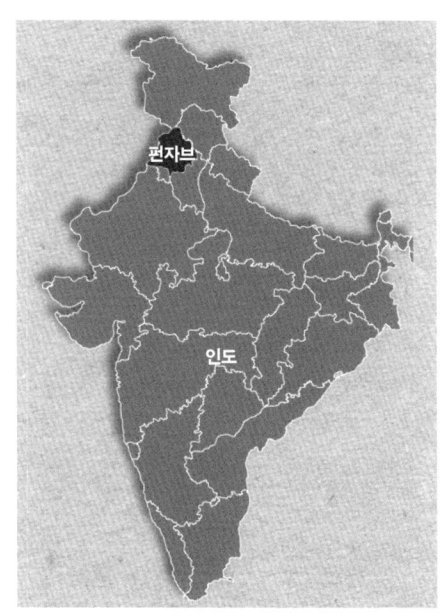

그림 2. 펀자브 지역

다.³³ 황무지라는 표현을 썼다. 그리고 1960년의 위기와는 다르게, 이번 위기는 전에 해결책조차 없도록 땅의 영양소와 대수층의 물은 고갈되고, 토종 곡식류는 멸종됐으며 인구는 기하급수적으로 증가한 후에야 도달할 것이다.

14억 명에 도달하는 인구가 한때 비옥했던 땅의 황폐화로 인해 자급자족할 수 없어지면 지구라는 행성은 어떻게 될 것인가?³⁴

---

32 Columbia Water Center, "Pubjab, India," Columbia University Earth Institute, http://water.comlumbia.edu/research-projects/india/pubjab-india.
33 Zwerdling, "India's Farming 'Revolution' Heading For Collapse"중 발췌.
34 인도의 인구에 대한 최근 UN의 데이터는 "India Population 2019, Most Populated States," www.indiapopulation2019.in에서 확인하라. 콜롬비아대학의 콜롬비아 수자원 센터의 도움으로 "텐시오미터"(tensiometer)라 불리는 작고 값싼 토 내 수분 측정기를 만들어 소농들의 수자원 이용량을 현저히 증감하는 데 큰 도움

현대의 환경 위기는 저 멀리 어느 나라에 한정되거나 국제 정치상에서만 문제가 되는 사안이 아니다. 미국에서도 실망스럽게도 너무나도 명백히 농업의 산업화가 소농의 농작을 불가능하게 만들었다.

나는 2019년 미시시피의 어느 '성직자리더쉽회의'(clergy leadership conference)에서 바로 이런 주제를 갖고 발표한 적이 있다. 전통적으로는 환경과 신성함을 연결하지 않은 우리나라의 지역인 미시시피인데도 농업 상업화의 결과로 교구에 앉혀진 사회경제적 붕괴를 비통해 하는 목사들이 한 명 한 명씩 일어나는 모습을 볼 수 있었다.

미시시피는 자신이 농업주(州)라는 것에, 가금(家禽), 계란, 대두, 목화, 쌀, 고구마, 메기 그리고 유제품의 주요 생산자라는 것에 큰 자부심을 느낀다.[35] 그런데도 미국 각지에서 온 200명의 목사는 자신의

을 준다는 사실을 전달할 수 있다는 것에 감사해 한다(Columbia Water Center, "Punjab, India"와 Lakis Polycarpou, "'Small Is Also Beautiful'-Appropriate Techonology Cuts Rice Farmers' Water Use by 30퍼센트 in Punjab India," *State of Plantes*(블로그), Columbia University Earth Institute, 2010년 11월 17일, https://blogs.ei.columbia.edu/2010/11/17/%e2%80%9csmall-is-also-beautiful%e2%80%9d-%e2%80%93-appropriate-technology-cuts-rice-famers%e2%80%99-water-use-by-30-percent-in-punjab-india/를 참고하라). 인도에서의 유기 농업을 위한 노력들이 펀자브 지역에 희망을 안겨 주는 것에도 안도할 수 있다. Yogita Limaye, "Will Organic Revolution Boost Farming in India?," *BBC News*, 2018년 9월 24일, www.bbc.com/news/av/business-45605018/will-organic-revolution-boost-farming-in-india를 참고하라.

35 "Missisipi Agriculture Overview"에서 발췌(Mississippi Department of Agriculture and Commerce, www.mdac.ms.gov/agency-info/mississippi-agriculture-snapshot/). "농업은 미시시피의 제1 산업으로서 주 노동 인구의 17퍼센트인 약 260,000명에게 직간접적으로 일자리를 제공하는 산업이다. 농업은 주 총수입의 22퍼센트인 740만 달러를 담당하고 ⋯ 사냥, 어업 외 천연 자원과 관련된 산업은 추가적으로 270만 달러를 담당한다"라는 미시시피농업가족들(Farm Families of Mississippi) 웹페이지도 확인하라("Mississippi's Heritage. Mississippi's Future," Farm Families of Mississippi, https://growingmississippi.org/agriculture-in-mississippi/).

교구의 가족 농부들을 위기에 처한 사람들이라 칭했다. 지속 불가능한 경제적인 요인들로 인해 농경지에서 쫓겨난 채, 이 사람들에게는 어딘가 밀려서 자리 잡힌 회사에 토지를 매도하고 새로운 직업을 찾는 것 이외의 선택권이 없었다.

한때 목초로 길러진 젖소에게 먹이와 토종 식물 종이 자랄 공간을 제공했던 목초지는, 토벌된 숲과 노출된 상태의 강독만을 남긴 채 단작물 경작지로 교체됐다. 이런 경향은 몇몇 생활 양식을 불가능하게 하는 것은 물론, 지역 경제의 붕괴를 초래한다. 가족 농경지는 역사적으로 기근을 방지하는 최후 책으로 남겨졌다.

그러나 오늘날에는 미시시피의 삼각주에서든, 인도의 펀자브 지역에서든, 토지의 제자도인 가족들로부터 땅이 빼앗긴 것이다. 나아가, 살충제와 관련된 암 발생률의 급증, 식품 체계의 전반적인 영양분 물량 감소 그리고 교배종 곡식류에 대한 알레르기는 산업화한 우리 세계에서 곳곳이 찾을 수 있게 됐다.

농업 변화의 마지막 요소는 산업 농업에 요구되는 에너지 소모이다. 폴란 마이클(Pollan Michael)은 그가 쓴 공개서한 "차기 농장장(長)에게"에서 농업 산업이 미국의 연중 화석 연료 사용량의 19퍼센트의 원인이라 보고한다. 근본적으로 환경 친화적이었던 농업이 가장 환경 파괴적인 산업 중 하나가 된 것이다. 1940년도에는 화석연료 1칼로리당 2.3칼로리의 음식을 생산할 수 있었던 반면, 2008년에는 화석연료 1칼로리당 1칼로리의 음식을 재배하는 양상이 보이고 추세는

더욱 악화하고 있다.³⁶

여기서 구약성경의 윤리 규범을 다시 보게 하자. 땅을 쉬게 하라. 가질 수 있는 모든 것을 전부 가져가지 마라. 필요한 것만을 가져가라. 단기 수익을 절감시킨다 하더라도 내일의 수확과 차세기를 위해 땅이 회복할 수 있도록 충분한 지속 가능성을 남겨 놔라. 나는 감히 상정한다. 이 "원시적인" 규범이 있었다면 녹색 혁명은 전혀 다른 방향으로 발전해 나갔을 것이다. 이 고전적인 규범과 지식이 반영되었다면 미시시피 삼각주에서도 인도의 편자브주에서도 지금과 같은 농업적 위기들은 없었을 가능성이 크다.

---

36 Michael Pollan, "An Open Letter to the Next Farmer in Chief," *New York Times Magazine*, 2008년 10월 12일, www.nytimes.com/2008/10/12/magazine/12policy-t.html. 환경가독력(可讀力) 센터(Center for Ecoliteracy)의 톰 스타르스(Tom Starrs)에 따르면, "미국의 에너지 소비의 약 15퍼센트가 식품 확보에 소비된다. 그중 절반 정도는 농작물과 가축의 관리 생산에, 절반은 식품 가공 및 포장에 사용된다. 코넬대학교 환경학 및 농업과학 교수 David Pimentel은 인류 전체가 미국인과 같이 음식을 섭취했다면 7년 만에 지구의 자원을 고갈시킬 것으로 추정했다"(Starrs, "Fossil Food: Consuming Our Future," Center for Ecoliteracy, 2009년 6월 29일, www.ecoliteracy.org/article/fossil-food-consuming-our-future).

4. 논의 의제

1. 고대 히브리인들의 토지 관리법이 인간과 창조물의 관계에 대한 하나님의 의도에 대해 무엇을 가르쳐 주는가?

2. 땅이 진정으로 하나님의 것이라 한다면, 당신이 땅을 생각하는 방식이 어떻게 달라지는가?

3. 땅을 대하는 태도는 어떻게 달라지는가?

4. 당신의 관점에서, 왜 교회와 국가, 정부는 산업 농업이 땅에, 농업자에, 인구에 끼치는 영향을 무시하는 것처럼 보이는가?

5. 선진 경제에서 땅의 보호는 누구의 책무인가?

6. 농업자의 보호는 누구의 책무인가?

3

'ādām에게 맡겨진 가축

소비자로서의 정체성[1]이 위험한 것은 소비자가 상품의 공급 과정을 되묻지 않을 가능성이 크다. 소비자로서의 정체성을 갖은 이들의 유일한 관심은 최저가의 상품에서 최고의 효율을 끌어내는 것이다. 이들은 심지어 소비자들의 정체성에 대한 전통적인 견해였던 무지한 소비자의 역할을 계속하려 한다. 누구에게도 보이지 않고, 익명 상태를 유지한 채, 그 어떤 책임으로부터도 자유로워하고 싶어서 한다. 그들은, 소비자는 상품의 공급 과정에 대해 무책임하기에, "소비자로서"의 정체성은 윤리적인 책임을 회피한다고 생각한다.

"원자재는 누가 수집했는가?", "조립은 누가 했는가?", "상품이 어떻게 상점에 입점했는가?"와 같은 질문은 하지 않는다. 그들에게는 이 질문들에 신경을 써야 할 사람은 판매자이다.

- 테오카루스 미르토(Theocharous Myrto), "Becoming a Refuge" (2016)

---

1 소비자로서의 정체성(Consumer Identity)이란 소비와 소비의 양식이 기능적인 행위 이상의 의미를 가져, 특정 개인의 정체성의 일부가 되는 정체성을 말한다 (역자 주).

1. 성경은 이렇게 말한다

모세 언약의 가장 가치 있는 선물 중 하나는 안식일에 대한 언약이다. 이집트의 폭압을 피해 출애굽한 지 3개월 후, 약속된 땅으로의 여정이 3개월 된 그 시점에, 여호와는 아브라함의 자손들에게 시내산에서 언약을 제시하셨다. 언약의 핵심적인 내용은 "만약에 나를 너의 유일한 하나님으로 존중한다면 나는 너를 영원히 내 것으로 만들겠다"는 것이다. 이 언약의 선물에는 국가로서의 새로운 정체성, 가나안 땅의 나눔, 적들로부터의 보호, 경제적 안정성, 그리고 성전에서 왕으로 임명된 이들 곁에서 여호와의 존재가 포함됐다.[2]

이것은 그 어느 것보다도 엄청난 제안이다. 여기서 시내산의 산기슭에서 기다리는 이들이 누군지 파악해야 한다. 노예들의 국가가 기다리고 있었다. 자유를 모르는 사람들이다. 그들의 부모도, 조부모도 주인 아래 자의 없이 끝도 없이 노동하고 남용과 노령때문에 육체가 땅에 묻힐 때까지 체계적으로 인간성을 말살당할 때까지 살아왔다. 그런 이들에게, 이스라엘에, 시내산에서 제의된 근본적으로 다른 관계는 새로운 주인이 하인에게 휴식을 취하라 명령하는 관계였다.

7일마다. 그냥 일을 멈추라고 명령하는 것이다. 24시간 그냥 일을 멈추라는 것이다. 그리고 멈추는 동안 자신이 누군지 회고하라는 것이다. 요리, 청소, 작문, 사교, 농업, 건설을 멈추라 한다.

---

[2] 언약의 개념에 대한 완전한 분석은 Richter, *The Epic of Eden: A Christian Entry into the Old Testament* (Downers Grove, IL: IVP Academic, 2008), 69-91에서 확인하라.

어째서인가?

헨리 블로셰(Henri Blocher)의 말로는 안식일은 다음과 같은 의미를 지니기 때문이다.

> 인류의 업적과 6일의 노동의 성과에 문맥을 부여하기 때문이다. 안식일은 인류가 지구를 진압하는 업무에 완전히 흡수되지 않도록 인류를 보호한다. 일을 인생의 전부이자 목적으로 만드는 왜곡을 예상하여, 인류에게 인간성의 성취를 그가 변화시키고 형성한다. 세계와의 관계에 이룰 수 있는 것이 아니라 시야를 하늘에 가리킬 때, 하나님과 성스러운 소통의 시간에서 이룰 수 있다는 것을 알린다. 인간성의 본질은 일이 아니다![3]

안식일은 우리가 생명체로 산다는 것의 의미를 환기한다. 나처럼 너무 일을 많이 하는 이들에게 "인간성의 본질은 일이 아니다"라는 것을 기억해내도록 한다. 실천적인 유대인이 우리에게 말해주듯이 "안식일은 인류가 하나님의 보물 창고로부터 받은 가장 소중한 선물이다."[4]

그러나 놀랍게도 안식일은 인류만의 것이 아니다. 하나님은 다음과 같이 말씀하신다.

---

[3] Henri Blocher, *In the Beginning: The Opening Chapters of Genesis* (Downers Grove, IL: InterVarsity Press, 1984), 57.

[4] Abraham Heschel, *The Sabbath: Its Meaning for Modern Man* (New York: Farrar, Straus & Giroux, 1951), 6.

> 일곱째 날은 네 하나님 여호와의 안식일인즉 너나 네 아들이나 네 딸이나 네 남종이나 네 여종이나 네 소나 네 나귀나 네 모든 가축이나 네 문 안에 유하는 객이라도 아무 일도 하지 못하게 하고 네 남종이나 네 여종에게 너 같이 안식하게 할지니라. 너는 기억하라 네가 애굽 땅에서 종이 되었더니 네 하나님 여호와가 강한 손과 편 팔로 거기서 너를 인도하여 내었나니 그러므로 네 하나님 여호와가 네게 명령하여 안식일을 지키라 하느니라(신 5:14-15).

신명기는 고대 이스라엘의 헌법이자 법전이다. 이 정치적이자 신학적인 문서는 하나님의 구원 선물이다. 이것을 근거로 구성된 언약의 명령에 따라 가축의 휴식을 허용함으로써 하나님을 존중할 것을 명한다. 이 글을 읽은 우리는 관심이 끌려야 마땅하다.

십계명은 인간에게 가축을 쉬게 하도록 명령했음을 알려 준다.

이유가 무엇일까?

신명기의 말을 따르면 우리 또한 노예였던 적이 있었기 때문이다. 우리는 휴식 없이 노동하고, 타인의 지배 아래 살아야 하며, 자신의 존재에 대한, 단 한구석조차도 자신의 통제 바깥인 심정을 너무나도 잘 알기 때문이다. 쉬지 못하도록 통제받는 기분을 알기 때문이다.

오늘처럼, 고대 이스라엘의 가축도 오직 인류의 복리를 위해서만 보존됐다. 고대 히브리의 농가에서는 시내산 흑염소와 아와시(Awassi) 양의 혼합된 무리를 가장 흔히 볼 수 있었다.[5] 이스라엘은 젖, 고기,

---

5   B.C. 7세기까지는 메소포타미아에 염소와 양이 가축화됐고, 유목은 현대에 이르기까지 비옥한 초승달 지대(나일강과 티그리스강과 페르시아만을 연결하는 고대 농업 지대)에 중심을 잡았다. 고대 메소포타미아의 국가들은 몇만 개에

치즈, (텐트, 깔개, 그리고 가방을 만들기 위한) 염소 털, 그리고 각종 옷감을 만드는 용도로 아와시 양모를 얻기 위해 이 동물들에 의존했다. 비교적 의외인 것은 (초와 비누를 위한) 지방, (와인, 물, 그리고 유유 통을 위한) 껍질, 도구를 만들기 위한 뼈와 양피지를 위해서도 이 동물들에 의존했다는 사실이다.[6]

두 종을 혼합하여 무리를 구성한 것은 두 종이 잘 어울려 살기 때문이기도 하지만 가정의 경제적인 기반을 안정시키기 위해서였다. 염소와 양, 즉 혼합된 무리는 고대 목축업자의 "위험 분산형 포트폴리오"와도 같은 것이다. 두 종 다 젖과 고기를 생각하여 길러졌지만 아와시 양이 훨씬 값진 동물이었다. 염소보다 아사셀 양고기가 더 선호되기도 하지만 주로는 그 양털이 유명해서였다.

아와시 양털은 이런저런 의류에 광범위하게 사용됐고 그것이 B.C. 3세기부터 활발히 거래됐다는 사실은 각종 사료로 알 수 있다.[7] 특별한 파행이 없다면 아와시 양은 그 주인에게 엄청난 이익을 불러 줄 수 있다. 고대 투자 포트폴리오의 "주"와도 같은 것이다.

서 몇십만 개를 넘나드는 가출 무리를 관리했다(Laniak, *Shepherds After My Own Heart: Pastoral Traditions and Leadership in the Bible*, New Studies in Biblical Theology 20 [Downers Grove, IL: InterVarsity Press, 2006], 42-43).

6   Borowski, *Every Living Thing: The Daily Use of Animals in Ancient Israel* (Lanham, MD: AltaMira, 1999), 52-61.

7   고대 근동 지역의 직물 산업의 자세한 분석은 Catherine Breniquet and Cecile Michel (eds.), *Wool Economy in the Ancient Near East and the Aegean: From the Beginnings of Sheep Husbandry to Institutional Textile Industry*, Ancient Textile Series 17 (Oxford: Oxbow, 2014).

시내산 흑염소는 그만큼의 가치가 있진 않았다. 젖과 고기를 확실히 제공하긴 했지만, 털이 까끌까끌한 터에 텐트 커튼이나 가방과 같은 "거친" 직물에만 활용될 수 있었다.

그럼 아와시 양만을 기르면 되지 않는가?

문제는 아와시 양이 가장 수익성 높은 투자였던 반면 위험도 가장 높았다는 것이다. 아와시 양은 편식하며 가뭄과 열기에 약하고 포식 동물에 대해서는 방어 체계가 없는 것과 마찬가지이다. 티모시 래니악(Timothy Laniak)이 명시하듯이 아사셀 양은 베어 무는 용의 이빨이 없었고 발톱도 없고 쉽게 길을 잃고 말도 안 되는 근시의 시력을 가졌다.[8] 쉽게 놀라기도 했다. 흔히 그렇듯이 아와시 양 중 하나가 사라지면 무리는 자리에 주저앉아 울기 시작한다. 근처에 있는 포식 동물을 불러드리기 위한 최적의 방법이다. 자기 보호 본능이라고는 무리로 옹송그리는 것 말고는 없다(의회 회의를 기억나게 하는 사실이다). 효과적인 본능이긴 않다(회의 말고 옹송그리는 것 말이다).

반면, 시내산 흑염소는 건장하다. 이 염소들은 지역의 토종으로서 수백 년을 근방에서 지내왔다. 꽤 독립적이고 최악의 경우에는 야생으로 돌아가 생계를 유지할 수 있다. 시내산 염소는 가뭄과 열기에 강하며 웬만한 것은 다 먹고 심지어는 식량 섭취 속도가 빠르기도 하

---

8   Laniak, *While Shepards Watch Their Flocks: Forty Daily Reflections on Biblical Leadership* (ShepherdLeader Publications, 2007), 109-110; *Shepherds After My Own Heart*, 46-51을 참고하라. Philip J. King and Lawrence E. Stager, *Life in Biblical Israel* (Louisville, KY: Westminster John Knox, 2001), 112-114와 Borowski, *Every Living Thing*, 41-70 또한 참고하라. 위의 동물들의 사진 자료와 현대의 가축 방책은 오클라호마주립대학교 축산학과, "Breeds of Livestock – Anatolian Black Goats," www.ansi.okstate.edu/breeds/goats/anatolianblack을 확인하라.

며, 몇 분 만에 체중의 35퍼센트를 헤아리는 양의 물을 섭취할 수 있다. 가장 더운 시기라 하더라도 4일에 한 번만 물을 줘도 괜찮다.[9] 그러므로, 염소는 고대 히브리의 가축 업자의 "채권"과도 같았다. 시장이 폭락한다고 하더라도 염소는 살아남기 때문이다.

이스라엘의 양치기들이 염소를 기른 데에는 또 다른 이유가 있었다. 지능이 높아서이다. 짜증스럽긴 하지만 어찌하든 머리가 좋았다. 양은 포식 동물을 만났을 경우 멀뚱이 서 있는 채로 천천히, 그리고 잔인하게 죽어가지만 염소는 맞서 싸우거나 탈출을 시도할 것이고 기회가 된다면 나무를 타려고 한다. 양 무리는 (목적지가 가파른 언덕을 넘어야 하더라도) 인솔되는 그대로 움직이지만, 염소는 오히려 목적지로 향하는 더 좋은 향로에 착안한다. 이 사실이 예수님이 심판의 날, 양과 염소를 분리하겠다는 비유의 해석에 어떤 영향을 미치는지는 당신의 상상에 맡기겠으나, 경제적인 시점에서 40/60의 비율로 혼합된 양족 동물들(caprids)의 무리는 그 어느 농가에서도 찾아볼 수 있었으며 다른 가축들과 비교했을 때 이 양들과 염소들의 수가 압도적으로 높았다.

중요성이 있는 또 다른 가축은 소아과(bovine) 동물들이다. (소나 황소와 같은) 소아과 동물들은 고대 히브리 농가의 노동력 총량 중 큰 부분을 차지한다. 이 동물들은 평민이 식용으로 활용하기에는 너무나도 비쌌기에 밀의 재배에 활용됐다. 중앙 구릉 지대의 소작농들에게

---

9   Borowski, *Every Living Thing*, 61-65. Virginia A. Finch et al., *Physiological Zoology* 53, no.1 (1980) 중 "Why Black Goats in Hot Deserts? Effects of Coat Color on Heat Exchanges of Wild and Domestic Goats," 19와 비교하라.

밀은 인간의 생존에든 동물의 생존에든 근본적인 곡류였다.[10]

그 결과, 이스라엘 철기의 농업자는 경운, 작물의 운반, 탈곡(그림 3을 참고하라) 등의 힘겹고 긴 일들을 완수하기 위해 그가 기르는 가축에 매우 의존했다.

작물이 가공되고 보관된 후, 밀과 보리는 사회 공동체의 근초적인 식품 소재로써 사용된다. 당시 이스라엘의 경제는 생업 경제였던 터에 1킬로그램 1킬로그램이 중요했다. 여기서 생업 경제란 간단하게 정의하자면 사회 전원이 간신히 살아남는 경제이다.[11] 과잉 생산이 있는 경우는 드물었다.

---

10 보리와 밀은 레반트 지역의 기후에 매우 적합했으며 그것들이 가나안 지역에 풍유했다는 것은 이집트의 각 자료를 통해 알 수 있다. 투트모세 3세는 가나안에서 16번에 걸친 군사 작전을 수행하며 가나안 재배 밀에 대해 반복적으로 기록을 남겼고, 특히 다섯 번째 작전의 기록에서는 탈곡장 바닥에 있는 밀을 보고 "해안의 모래보다도 많다"라고 표현했다(James B. Pritchard ed., *Ancient Near Eastern Texts Relating to the Old Testament*, 3rd ed. [Princeton, NJ: Princeton University Press, 1969], 239. Borowski, *Agriculture in Iron Age Israel* [Boston: American Schools of Oriental Research, 2002], 3-5와 비교하라). 로젠은 곡물저장고와 탄화된 씨앗이 "거의 모든 제1 철기(Iron Age I)의 발굴장에서" 찾을 수 있었다는 사실과, 파종, 수확, 탈곡, 키질 그리고 보관에 요구되는 도구들과 설치물들이 발굴된 물질 문화(recovered material culture)에서의 논란의 시작이었다는 점을 보고한다(Israel Finkelstein and Nadav Na'aman, *From Nomadism to Monarchy: Archeological and Historical Aspects of Early Israel* 중 "Subsistence Economy in Iron Age I," 343을 참고하고 Jane Renfrew, *Civilizations of the Ancient Near East*, Jack M. Sasson (ed.), "Vegatables in the Ancient Near Eastern Diet," [1995; repr. in 2 vols, Peabody, MA: Hendrickson, 2006], 1:195). 나아가, 보리와 밀의 수확은 고대 히브리 달력에 중심적인 역할을 했다(Borowski, *Agriculture in Iron Age Israel*, 33, 참고. 47-69).

11 Richter, "The Question of Provenance and the Economics of Deuteronomy," *Journal for the Study of the Old Testament* 42 (2017), 23-50을 참고하라.

그림 3. 탈곡 작업 도중의 소들

이스라엘의 고고학자 바루크 로젠(Baruch Rosen)은 초기 이스라엘 왕국(early monarchic period, 제1 철기, B.C. 1200-1000년도) 때 당시 "간신히 살아남는"다는 것이 정확히 어떤 형태였는지에 관한 훌륭한 연구를 해왔다. 그의 연구는 아직 현존하는 제1 철기(Iron Age I)의 구릉 지대 발굴지에서의 사료에 기반을 둔다.

로젠은 발굴물을 기반으로 기존의 고대 이스라엘 인구의 예정 치를 수확량 예정 치와 비교하여 1년 기준 평균적으로 100명 규모의 마을을 지탱하는 데 요구됐을 칼로리양을 계산해 냈다.[12] 놀랍게도

---

12 Richter, "Environmental Law in Deuteronomy: One Lens on a Biblical Theology of

평균적인 고대 히브리의 마을들에서는 일반적으로 자체 인구를 지탱하기에 요구되는 칼로리양보다 매해 1,500만 칼로리가 부족했다는 결론이 도출됐다.[13] 한 가정당 5명의 가족원이 소속됐다는 것을 고려한다면, 1,500만 칼로리가 부족했다는 것은 한 가족이 매년 약 60일을 굶어야 했다고 말할 수 있다. (많은 농경 사회가 이와 비슷한 처지에 살았기에) 고고학자에게 이런 사실은 놀랍지 않지만, 현대의 독자에게는 이 선조들의 경험을 조금 더 잘 공감할 수 있게 돕는다. 60일분의 필수적인 식량이 부족한 것이다. 로젠의 가설에 따르면, 고대 이스라엘의 가정들은 하루당 음식 섭취량을 감소시키거나 밀의 생산량이나 저장량을 증가시키거나 기르는 가축을 도축하여 식량을 벌충했다.

물론, 더 많은 양의 밀을 생산하는 것은 더 많은 씨와 더 넓은 토지를 요구했고, 가축을 도축하는 것은 향후 농가의 생산성에 악영향을 끼친다. 사냥도 고려할 만한 선택지였다. 신명기는 흔히 야생 가젤을 고대 히브리인들의 식단 일부로 표현하곤 한다(펜실베이니아의 유업 낙농업자와 흰꼬리사슴의 관계를 생각하면 된다. 참고. 신명기 12:15, 22; 14:5; 15:22). 어떤 방식을 활용해서 살아남았는지와는 별개로, 중요한 것은 수확기가 돼서는 밀이든 보리든 한 톨, 한 톨이 소중했다는 것이다. 이런 경제적 배경을 고려해 보면 신명기 25:4를 이해할 수 있다.

Creation Care," *Bulletin for Biblical Research* 20 (2010), 371-372를 참고하라.

[13] Rosen, "Subsistence Economy in Iron Age I," 348-349를 참고하고 같은 정보를 조금 더 자세하게 다루는 *Izbet Ṣarṭah: An Early Iron Age Site near Rosh Ha'ayin, Israel*, Israel Finkelstein (ed.), BAR International Series 299 (Oxford: B.A.R. 1986) 중 Rosen, "Subsistence Economy of Stratum II," 156-185와 비교하라.

> 곡식 떠는 소에게 망을 씌우지 말지니라(신 25:4).

아마 이 구절은 많은 사람의 관심에서 벗어난 구절일 것이다. 그러나 시대적 맥락을 고려하면, 800파운드 정도가 되는 소를 도축하지 말라는 이 구절이 규율하는 대상자가 굶주리는 농업 종사자라는 것을 알 수 있다. 소 한 마리가 탈곡 작업을 하며 하루에 5에서 7파운드의 밀 정도를 섭취할 수 있다는 사실도 중대한 고려 요소였다.[14] 탈곡 작업이 하루 만에 끝나는 것도 아니었다. 그런데도 하나님은 농업 종사자들이 그들을 위해 일한 가축들이 삶과 일을, 노동의 열매를 즐길 기회를 마련하라 하고 수확을 기념할 수 있도록 명령한다.

---

14 위의 수치는 고대 체중 600-700파운드(275-320킬로그램)의 소의 섭취량에 기반을 둔다. 그 정도의 몸무게를 자랑하는 소라면 가뿐히 하루에 4킬로그램가량의 밀을 섭취할 수 있을 것이라 한다(개인적 대화, 뉴멕시코 커리앤류즈벨트 자치주[Curry and Roosevelt County] 및 켄자스주 엘크시티 소재 스트레벡가족농장[Strebeck Family Farm] 소속 스트레벡 라이언, 2008년 10월 29일). 기후가 건조한 텍사스와 뉴멕시코 지역에서 평균적으로 800파운드의 체중을 갖는 원숙한 앵거스(Angus) 수소의 일당 섭취량에 근거해 추산된 수치이다. 이에 비해, 환경이 열악한 서아프리카 지역에 서식하는 보란(Boran) 소의 몸무게는 350-400파운드(160-180킬로그램)를 헤아리며, 더 우호적인 환경에 자라는 소들은 990파운드(450킬로그램)의 체중이 평균적이다(Gudrun Dahl and Anders Hjort, *Having Herds Pastoral Herd Growth and Houshold Economy*, Stockholm Studies in Social Anthropology 2 [Stockholm: Dept. of Social Anthropology, University of Stockholm, 1976], 163-167). 하이파대학(University of Haifa) 고고동물학연구소(Laboratory of Archaezoology) 소속 님로드 마롬(Nimrod Marom)은 고대 소들의 몸무게가, 가늠하기 어렵지만, 400킬로그램 +/- 50의 추정치를 제시했다(님로드 마롬, 2008년 10월 28일). 마롬의 추정치가 맞는다면 소를 도축하지 않고 살려 두어 기르는 것의 기회 비용이, 위에 예상한 비용보다도 높게 측정된다(Richter, "Environmental Law in Deuteronomy," 371-372. 이보다도 더 높은 섭취량인 하루당 5킬로그램[11파운드]을 추정하는 로젠의 "Subsistence Economy of Stratum II," 156-185와 비교하라).

2. 사례 연구: 대량 감금형 축산업, "공장식 농장 경영"

 탈곡 작업을 규율하고 휴식을 명하는 안식일의 규범들이 오늘날 미국 가축의 대우에 대해 어떤 빛을 비춰 줄 수 있을까?

 현재 우리 시각에서 미국의 공장식 농장들에서 일하는 수십억 마리의 가축을 말하는 것이다. 공장식 농장이란 최종 생산물이 단백질인 공장과 같이 운영하는 농장을 말한다. 이런 농장들은 가축들을 높은 방목 밀도의 농장들에서 감금해 운영한다. 감금당해 움직이지 못하는 동물은 열량 소비가 낮으며, (많은 이가 이런 방식이 잘못됐다 논하지만)[15] 배설물 관리가 단체 단위에 행해지며, 생식과 잉태가 완벽히 규제된다.

 미국의 가장 수입성 높은 농업 제품은 돼지다. 매우 활발하고 지능적인 돼지를 감금하는 최적의 방식은 최근 들어 매우 명확히 수립됐다. 75제곱피트 너비의 우리당 230파운드 돼지 200마리.[16] 체계적으

---

[15] "이유부터 끝까지"(wean-to-finish)형 시설의 바닥은 격자틀형 플라스틱과 콘크리트와 철로 구성되어 배설물이 우리 아래쪽으로 쌓이도록 만들어졌다. 이렇게 수집된 배설물은 "배설 구덩이"(waste lagoons)라 불리는 실외 구덩이에 운반된다. 배설 구덩이의 관리는 지난 몇십 년간 언론의 주목을 많이 받았다. 요약을 읽고 싶다면 Matthew Scully, *Dominion: The Power of Man, the Suffering of Animals, and the Call to Mercy* (New York: St. Martin's Griffin, 2002), 249와 *Nutrient Cycling in Agroecosystems* 82, no. 2 중 Yanxia Li, Zhonghong Wu, Glen Broderick과 Brian Holmes의 "Rapid Assessment of Feed and Manure Nutrient Management on Confinement Dairy Farms"(2008), 107을 확인하라.

[16] 미국 내 가장 다수한 돼지 종은 듀록(Duroc) 돼지이다. 듀록 돼지는 도축장으로 인솔될 당시 220-240파운드 정도의 체중을 갖추게 된다고 한다(개인적 대화, 스톤 안 벨, 2008년 10월 28일. Scully, *Dominion*, 252와 비교하라).

로 계획된 미국의 7,460만 마리[17] 돼지의 거주지인 철근 우리는 거대한 철 틀 건축물 안에 전국 곳곳에 발견할 수 있다.

가장 인기 있는 모델은 40제곱피트, 60제곱피트 그리고 최근에는 122제곱피트형으로 "이유부터 끝까지"(wean-to-finish)형 우리이다.[18] 돼지들은 이런 우리에서 일생을 일광을 느끼지 못한 채 매시 냉난방이 된 콘크리트와 철로 된 시설에서 지내야 한다.[19] 돼지들이 사는 시설은 너무나도 더럽고 붐비는 환경에서 살아야 하기에, 움직임이 제한되고 자연스럽게 행동하는 것이 불가능하며 단체 감염을 막기 위해서 항생제의 복용이 필수 불가결하다. 일반적으로 체중이 500파운드 돼지 암컷의 가로 7피트 세로 22인치 너비의 잉태용 우리는 수컷의 서식처와는 격리된다.

이와 같은 우리에 감금된 돼지들은 어깨와 어깨를 나란히 눕지도, 자세를 바꾸지도 못한 채 임신 기간 112-115일을 서 있는 상태로 지낸다. 암퇘지들이 이런 대우로 발달하게 되는 이상 행동과 신체적인 부상들은 보기 어려울 정도로 마음을 아리게 한다.

---

17 2018년 12월 1일 기준, 미국농무부(USDA)에 따라 미국의 각 농장을 걸쳐 총 7260만 마리의 돼지가 있다고 한다. "United States Hog Inventory Up 2 Percent," www.nass.usda.gov/Newsroom/2018/12-20-2018.php, 2019년 6월 16일 접속.

18 국가돼지목축업회(National Hog Farmer) 웹사이트에 따르면 많은 목축업자가 "이유부터 끝까지"형 농장 경영 방책이 돼지의 이동과 기록 관리를 간편화하고, 돼지당 경영 비용을 1달러씩 절감하며, 돼지를 "이유"(wean)용 우리에서 "끝"(finish)의 우리로 옮기는 데 요구되는 하루라는 시간을 돼지의 성장에 활용할 수 있다다는 이유로 이를 채택했다 한다.

19 Scully, *Dominion*, 248-261. Terry Feldmann, "Equipment, Facility Designs," National Hog Farmer, October 1, 1999, www.nationalhogfarmer.com/mag/farming_equipment_facility_designs을 확인하라.

많은 동물 복지 단체가 말하듯이, 콘크리트 바닥 우리에 감금당하는 돼지들은 만성 통증, 다리 부상, 관절 손상 그리고 중대한 정도로 근육질 및 골 부피 손실을 겪는다. 암컷 돼지가 드러누우려 한다면 피부병과 다리 부상은 불가피하다. (많은 이가 진단하기를, 만성 우울증이나 피로로 인한 수분 섭취 부족과 자신의 배설물에 상시 노출돼 있음으로 인해 요로 및 기관지 감염이 자자하다.)[20]

암컷 돼지는 평균적으로 8마리의 새끼를 낳도록 인공적으로 수정시켜지며, 자연적으로 낳을 수 있는 자식의 수보다 더 많은 자식을 낳을 수 있도록 생식 마약을 투여받는다. 2019년 기준, 미국의 잉태 암돼지의 수가 641만 마리에 이르렀다. 그중 대부분은 위에 설명한 잉태용 우리에 감금됐다.[21] 출산 1주일 전, 암돼지들은 분만용 우리

---

20 John Webster, *Animal Welfare: Limping Towards Eden; A Practical Approach to Redressing the Problem of Our Dominion over the Animals* (Oxford: Blackwell, 2005), 110-129. 이를 *Annales de Rechercches Veterinaires, INRA Editions* 15, no. 2 (1984) 중 J. P. Tillon and F. Madec, "Diseases Affecting Confined Sows: Data from Epidemiological Observations," 195-199와, *Reproduction in Domestic Animals* 47 (Supplement 5, 2012) 중 "Reproductive Issues in Welfare Friendly Housing Systems in Pig Husbandry: A Review"의 요약이자 개정판인 M. Soede and Bas Kemp, "Housing Systems in Pig Husbandry Aimed at Welfare; Consequences for Fertility,"51-57, 나아가 *Animal Science* 61 (1995) 중 D. M. Broom, M.T.Mendl and A. J. Zanella, "A Comparison of the Welfare of Sows in Different Housing Conditions," 369-385와 비교하라.

21 "An HSUS Report: Welfare Issues with Gestation Crates for Pregnant Sows," The Humane Society of the United States, 2013년 2월, www.humanesociety.org/sites/default/files/docs/hsus-report-gestation-crates-for-pregnant-sows.pdf; *Quarterly Hogs and Pigs*, National Agricultural Statistics Service, July 27, 2019, www.nass.usda.gov/Publications/Todays_Reports/reports/hgpg0619.pdf; Roberta Lee, "Summer Fun, but Not for Pigs: The Horror of Gestation Crates and Life in a Factory Farm," *Huffington Post*, 2015년 7월 16일, www.huffpost.com/entry/summer-fun-but-not-for-pi_b_7759466. Scully, *Dominion*, 247-286. 잉태용 우리에 대

로 운송된다. 분만용 우리란 잉태용 우리보다 미미하게 더 넓은, 철근 울타리로 둘러싸인 우리로서 암퇘지에게는 (드디어) 누울 공간이, 돼지 새끼들에게는 21일 후 강제적으로 이유용 우리에 감금되기 전까지 젖을 먹을 수 있는 공간을 준다.

21일 후에는 이 모든 것이 반복된다.

돼지들이 살아남지 못하면 어떻게 될까?

감금된 돼지들 식단의 주된 메뉴가 또 동료의 갈린 고기이지 않는가.[22] 하나님이 '염소 새끼를 그 어미의 젖에' 삶는 것을(신 14:21) 불쾌히 여긴다면, 우리는 (몇몇 아기 돼지와) 죽은 암컷 돼지가 그 자식의 먹잇감이 되는 것에 문제의식을 느껴야 한다.[23]

한 추가적인 정보와 사진 자료를 위해서는 www.farmsanctuary.org/learn/factory-farming/pigs-used-for-pork을 확인하라. 이 동물들이 겪는 대우를 읽으면 이스라엘의 양치기들을 한 에스겔의 분노를 떠올릴 수밖에 없게 된다. "너희가 살진 양을 잡아 그 기름을 먹으며 그 털을 입되 양 떼는 먹이지 아니하는도다. 너희가 그 연약한 자를 강하게 아니하며 병든 자를 고치지 아니하며 상한 자를 싸매 주지 아니하며 쫓기는 자를 돌아오게 하지 아니하며 잃어버린 자를 찾지 아니하고 다만 포악으로 그것들을 다스렸도다"(겔 34:3-4 원문은 NASB성경을 인용한다).

22 Scully, *Dominion*, 261-266을 확인하라. 이를 *Scientific American* 중 Danny Na and Tom Polansek, "U.S. Hogs Fed Pig Remains, Manure to Fend Off Deadly Virus Return," www.scientificamerican.com/article/u-s-hogs-fed-pig-remains-manure-to-fend-off-deadly-virus-return과 Eliza Barclay의 NPR Report, "'Piglet Smoothie' Fed to Sows to Prevent Disease; Activists Outraged," *The Salt*, 2014년 2월 20일, www.npr.org/sections/thesalt/2014/02/20/280183550/piglet-smoothie-fed-to-sows-to-prevent-disease-activists-outraged와 비교하라.

23 다행인 것은 잉태용 우리가 2013년 유럽 연합 전반을 걸쳐 불법화됐다는 것이다. 캘리포니아와 매사추세츠에서도 불법화됐다. 다른 주에는 이런 법률이 아직 제정되지 않았다. 이유는 무엇인가? 하나는 돼지고기 산업의 경제적 규모가 크다는 것이다. 노스캐롤라이나에서는 돼지고기 산업의 총체적 경제 영향이 90억 달러로, 노스캐롤라이나주의 경제에 대한 직접적인 기여는 약 25억 달러로 측정됐다. 지역의 학교들과 인프라, 기업체에 투자되는 세금이 충분히 커, 사람들

가금의 경우는 어떤가?

공장식 농장 경영 방식으로 길러지는 가금에 두 가지가 있다. 하나는 달걀 생산용 가금이고 또 하나는 고기용 가금인 "브로일러"이다. 미국농무부(United States Department of Agriculture)의 '동생물건강점검국'(Animal and Plant Health Inspection Service)에 따르면 "2010년 부화장에 대한 통계는 브로일러 닭이 92억 8천만 마리, 4억 8천 9백만 마리의 달걀용 닭이, 그리고 칠면조 부화장에서는 2억 8천 1백만 마리의 칠면조 새끼가 부화했다."[24]

4억 8천 9만 마리의 달걀용 닭들은 창문 하나 없는 창고에서 블록처럼 즐비하게, 그리고 위아래로 쌓인 10인치형 "배터리"라 불리는 우리에 갇혀 살게 될 것이다. '동물애호협회'(Humane Society)는 달걀용 닭마다 평균적으로 67제곱인치의 공간을 준다 한다. 이는 종이 한 장보다 좁은 공간이다.[25] 농업계에서 가장 심한 감금에 시달리는 동물로서, 이 닭은 일생 둥지를 짓거나 쉬거나 토욕을 하거나 바닥을 쪼거나 날개를 펼 일이 없을 것이다. 노벨상 수상자인 오스트리아 출신 동물학자, 생태학자이며 조류학자인 콘라트 로렌츠 교수(Dr. Konrad Lorenz)는 다음과 같이 말한다.

이 눈을 가는 것이다. "The Facts," North Carolina Farm Families, https://ncfarm-families.com/thefacts/을 확인하라.

[24] "Overview of U.S. Livestock, Poultry, and Aquaculture Production in 2010 and Statistics on Major Commodities," Animal and Plant Health Inspection Service of the USDA, www.aphis.usda.gov/animal_health/nahms/downloads/Demograph-ics2010_rev.pdf, 12-13.

[25] "Cage-Free vs. Battery-Cage Eggs," The Humane Society of the United States, www.humanesociety.org/resources/cage-free-vs-battery-cage-eggs.

배터리 우리에 갇힌 닭에게 가장 잔혹한 고문은 산란 중 동료들의 시선을 못 피하는 것이다. 동물의 행동에 대해 어느 정도 알고 있는 사람으로서, 존재하지도 않는 피난처를 찾으려는 모습이 마음을 쓰라리게 한다.[26]

그림 4. 케이지 닭장에서 알을 놓는 닭

26 "Cage-Free vs. Battery-Cage Eggs."

자신과 동료들의 배설물에 잠겨 생활하는 이 동물들의 환경은 비인도적일뿐더러 인류의 건강에도 큰 위험을 안긴다. 1999년, 유럽 연합은 배터리 우리를 불법화했다. 농부들에게 주어진 준비 시간인 12년의 유예 기간은 오늘날 만기가 됐다. 아직 미국에서는 이런 움직임이 안 보인다.[27] 연방 단위로 제정된 동물 보호 법률들은 농장 내의 닭에게는 적용하지 않고, 정부가 농장 가축의 복리를 관찰하지 않기에 닭에게는 변호인이 없는 셈이다.[28]

"브로일러" 닭이란 닭고기의 생산을 위해 길러지는 닭을 가리킨다. 특히, 닭가슴살의 생산이 중점인 경우가 많다. 오늘날 길러지는 닭들은 1960년의 경우보다 300퍼센트 더 빠른 놀라운 속도로 성장한다. '국가가금의회'(National Chicken Council)에 따르면, 닭이 태어나 도축될 때까지 1925년에는 112일이 걸렸지만 2011년에는 47일이 걸렸다고 한다. 도축되는 닭들의 평균 체중이 1925년에는 2.5파운드였다면 2011년에는 5.8파운드였으며, 체중의 증가세는 계속된다고 한다.[29]

가금 산업은 어떻게 이렇게 폭발적으로 성장한 것일까?

많은 이유 중 하나는 산업의 구조다. 40개의 기업체가 미국의 모든 축산업용 가금을 소유한다. 미국동물학대방지협회(ASPCA)가 말하듯이, 같은 기업들이 부화장과 사료 분쇄기, 도축장 그리고 가공 처리

---

27 "Animals on Factory Farms," American Society for the Prevention of Cruelty to Animals (ASPCA), https://www.aspca.org/protecting-farm-animals/animals-factory-farms, 120-125.

28 ASPCA 보고서를 참고하라. "A Growing Problem: Selective Breeding in the Chicken Industry; The Case for Slower Growth," ASPCA, 3, www.aspca.org/sites/default/files/chix_white_paper_nov2015_lores.pdf.

29 "Growing Problem," 3.

공장에 대한 소유권까지 갖는다.[30] 이런 독점 체계는 필그림즈프라이드(Pilgrim's Pride)나 타이슨푸즈(Tyson Foods)와 같은 기업들이 부화로부터 도축까지 생산 체계의 전면을 제어할 수 있도록 한다.[31]

가금 산업은 바로 이 회사들이 특정 실제로 닭을 기르고 도축할 "사육자"(grower)에게 유전 변형 닭, 맞춤형 사료 그리고 장비를 제공하는 식으로 설립돼 있다. 사육자들은 사육 지침을 명확히 따라야 하고 그 임금은 성과급 제도로 산정된다. 즉, 제공된 사료를 가장 효율적으로 다량의 단백질로 전환할 수 있는 (결국에는 도축 당시 가장 체중이 무거운 닭을 기를 수 있는) 사육자가 제일 많은 임금을 받는다는 것이다.

이런 시스템이 탄생시키는 가혹한 풍경들을 폭로하는 보고들은 동물을 중요하게 여기는 모든 이에게 혹은 인간을 중요하게 여기는 이들에게 큰 충격을 준다.[32]

결론적으로, 오늘날의 급속도로 성장하는 닭들은 우리 조부모가 섭취한 닭과는 달리 가슴만이 몸의 타 부위보다 빨리 자라도록 유전공학적으로 변경됐다(특히, "코니슈 크로스[cornish cross] 종이 그렇다"). 나

---

30 "Growing Problem," 3.
31 2017년 6월, 필그림즈프라이드는 동물 학대 관련 위장 수사의 수사 대상이었다. 조사의 결과를 폭로하는 영상 보고는 동물 애호회의 웹페이지에서 확인할 수 있다. 보기 힘든 영상이다. 조지아 다니엘스빌 내 매디슨 자치주 경찰청(Madison County Sheriff's Department in Danielsville, Georgia)과 텍사스 마운트플레전트 내 타이터스 자치주 경찰소(Titus County Sheriff's Office in Mt. Pleasant, Texas)에 동물 학대와 관련된 청구가 제출됐다. "Shocking Animal Abuse Uncovered at Country's Second Largest Chicken Producer," 언론 보도 자료, Humane Society of the United States, 2017년 월 27일, www.humanesociety.org/news/shocking-animal-abuse-uncovered-countrys-second-largest-chicken-producer.
32 "Growing Problem," 4. Tyson Foods, "Contract Poultry Farming," www.tysonfoods.com/who-we-are/our-partners/farmers/contract-poultry-farming을 확인하라.

아가, 닭들이 살아가는 우리의 조명 환경은 닭들이 매시 사료를 먹도록 조정됐다.³³ 이로 인해 "수확기"가 되면 이 닭들은 가슴이 너무 무거운 탓에, 걷지도 서 있지도 못하게 된다.

그들의 다리와 장기는 기형화된 몸을 부축하지 못하게 된다. 최소 면적에 최대 수의 닭을 수용하는 것이 산업 표준 방책이라, 닭의 자체가 감옥이 되어 바닥에 눌려 앉혀 움직이지 못하는 경우가 많다. 물을 마시지도 음식을 먹기도 어려운 경우가 많다.

> 몇 주만 지나도 닭들의 골격과 장기에 무리가 가해지는 것이 명확해진다. 심장, 폐 그리고 다리에 가해지는 막대한 압력은 걷는 것과 서 있는 것을 어렵게 하고, 심각한 체력 저하, 숨가쁨, 기절, 심지어는 울혈성 심부전이 발생하기도 한다. 과체중과 만성 피로에 시달리는 움직일 공간이 없거나 마찬가지인 이 새들은 일생의 90퍼센트를 짚과 배설물의 혼합물에 둘러싸여 산다. 상처가 낫지 않은 채 생균이 생식하는 배설물에 누워 있는 사실을 생각하면, 닭에 가해진 부상이 흔히 가금 농장이 시발점으로 밝혀지는 포도상구균이나 대장균에 의한 2차 감염의 관문 역할을 하는 것은 놀랍지 않다.³⁴

부끄러워야 마땅하다. 걱정해야 마땅하다. 삶의 대부분을 자신의 배설물에 갇혀 산, 공장에서 자란 유전 변형 조류가 우리가 구매하고

---

33 "Growing Problem," 2.
34 "Growing Problem," 5.

먹고 아이들에게 먹이는 닭고기의 원천이다.

이런 신식 "목축업"의 기저는 무엇인가?

참고로, 나는 가축을 학대하는 것을 좋아하는 목축업자는 단 한 번도 못 봤다. 그러나 인도적 목축업을 허용하지 않는 경제 체계가 이상한 동료를 만들어 낸 듯하다. 위에 나열한 모든 기술적 혁신은 (생명체인) 생산 단위당 관리, 유지, 치료 그리고 도축을 간편하게 했다. 그 결과, 대량 감금형 축산업의 이론적 근거로는 수익성과 특히 제3 세계에서 폭등하는 육류에 대한 수요를 든다.[35]

매튜 스컬리(Matthew Scully)가 2002년 보고서 "통치, 인간의 힘, 동물의 고통, 자비에 대한 부르심"(*Dominion: The Power of Man, The Suffering of Animals, and the Call to Mercy*)에서 폭로하듯, 지난 몇십 년간 미국의 육류 산업은 생산과 소비 측면에서 혁명이 있었다. 역사상 그 어느 세대보다 우리는 더 많은 고기를 가장 싼 가격으로 섭취한다.[36] 그 결과, 미국의 가축들은 보고하기도 어려울 정도로 나날을 잔혹한 대우를 받으며 산다. 여호와가 아담('ādām)에게 맡긴 가축들에게 이런 대우를 받을 것을 의도했으리라 믿기 어렵다.

---

35 단체 감금형.
36 Eric Schlosser, "Cheap Food Nation," *Sierra*, 2006년 11/12월지, 36-39, https://vault.sierraclub.org/sierra/200611/cheapfood.asp.

1) 도살

고대 히브리 사회의 복잡한 도축법 체계 또한 고려하라. 하나님의 백성에게 자신이 기른 가축의 도축이 법적으로 허용됐다. 그러나 도축될 모든 동물을 일단 성직자에게 전달해야 한다. 레위기 17장에 따르면, 이런 관례가 동물의 생명(*nepeš*)을 고려했다는 게 분명하다.[37] 이스라엘에서, 가축의 생명은 고심이나 자비 없이는 뺏어선 안 됐다. 신명기 법은 야생 영양조차 충분한 주의를 드려 자비롭게 도축될 것을 요구한다(신 12:15, 22; 14:5; 15:22).[38]

(유대교의 민법과 예식법의 총서인) 탈무드는 2세기 이후의 유대인들 도축 방식이 가능한 인도적일 것을 명한다. 제이콥 밀그롬(Jacob Milgrom)은 저서인 『레위기 해설서』에서 "[사소한 모든 부분의] 이 모든 것은 동물이 경각에 의식을 잃고 고통을 최소화하는 도살법의 최적화를 명확히 보여 준다"라고 한다.[39] 탈무드는 도축자에게는 "수련과 경건함의 힘을 빌려, 그 영혼은 언제까지나 끊임없는 도축으로 마비될 것이 아니라 생명에게 죽음을 선사하도록 허락한 신성한 권리에 매시 민감할 것"을 요구한다.[40]

37　Jacob Milgrom, *Levitictus: A Book of Ritual and Ethics*, Continental Commentaries (Minneapolis: Fortress, 2004), 184-192를 확인하라. 레위기 17:4는 동물을 성직자 앞으로 예물로 주지 않은 자가 "피를 흘린"(즉, 살해를 한) 이로 여겨진다고 한다.

38　Miller, *Religion of Ancient Israel*, 126과 비교하라.

39　Milgrom, *Levictus*, 106.

40　Milgrom, *Levictus*, 106.

이런 고대 히브리의 법을 현대 미국의 양육, 도축 그리고 대량 공급의 공장식 육류 생산과 비교하라. 농업에 활용되는 동물들에게는 법적인 보호가 없다는 것은 사람들에게 흔히 알려지지 않은 사실이다. 가금을 포함한 95퍼센트 이상의 농업 가축들은 도축 이전, 동물의 마취를 요구하는 인도적 도축법 법률(Humane Methods of Slaughter Act)에 포함되지도 않았다.[41]

소 축산 업계는 어떤가?

스컬리는 1990년 당시, 일반적인 미국의 도축장이 시간당 50건의 도축을 시행했다면, 2002년에는 시간당 300에서 400건이 시행된다고 한다.

어떻게 하면 한 시간에 800파운드에 해당하는 소 400마리를 도축할 수 있는 것인가?

아이오와비프패커스(Iowa Beef Packers) 소속 마르틴 후엔테스(Martin Fuentes)가 말하기를, "소가 살아남는다고 해서 생산 설비가 멈추는 일은 없다."[42] 시간당 309개의 소 다리를 잘라내는 것이 일인 모렌 라몬(Ramon Moren)은 생산 라인에서 자신의 차례까지 도달했다면 죽어 있어야 할 소들이 살아 있는 경우가 많다고 보고한다.

---

41 필요하지 않은 병아리 수컷들을 살아 있는 상태에서 갈아 죽이는 것은 가금 목축업의 가장 잔혹한 관행 중 하나이다. 이 관행을 보여 주는 영상은 PETA의 홈페이지에서 확인할 수 있다. www.peta.org/students/missions/male-chicks-ground-up-alive/. Maryn McKenna가 "By 2020, Male Chicks May Avoid Death by Grinder," National Geographic, 2016년 6월 13일, www.nationalgeographic.com/people-and-culture/food/the-plate/2016/06/by-2020—male-chicks-could-avoid-death-by-grinder/에서 보도하듯이, 상황이 아예 가망 없는 것은 아니다.
42 Scully, *Dominion*, 284에 찾을 수 있는 Joby Warrick과의 인터뷰에서 발견.

눈을 깜빡인다. 소리를 낸다. 머리는 움직이고 눈은 열려 있는 채 주위를 살핀다. 한 조각 한 조각씩 죽는 것이다.[43]

반대로, 이스라엘은 도축 매 과정에서, 다량의 시간과 자원을 요구했지만, 그들을 도왔던 가축의 생명을 고려해야 한다는 사실에 제한받았다.[44]

2) 좋은 소식

좋은 소식은 전 미국을 걸쳐 목축업의 현재 관행에 대한 정보와 화상 자료를 국민에게 알리기 위해 열심히 일하는 단체들이 있다는 사실이다. 이 단체들은 우리가 먹는 달걀이 만들어지는 과정을 보면, 우리가 먹는 고기를 만들기 위해 행해지는 동물들의 역겨운 착취를 보면 고기를 얻기 위해 개인적인 자본을 사용하지 않겠다는 의지든, 법을 통해서든 산업에 압력을 가하리라 믿기 때문이다.

---

[43] Scully, *Dominion*, 284.
[44] Fast Food Nation의 저자 슐로세어 에릭은 <PBS> 소속 탐사 보도지 Frontline과의 인터뷰에서 미국 내 도축장의 압도적으로 높은 이직률에 대해 논평했다(해당 70-100퍼센트). "도축장의 일은 지난 25년간 크게 변했다. 도축장 일은 언제나 힘겨운 일이었다. 언제나 위험한 일이었다. 그러나 지금까지는 임금도 높고 특전 수급도 높았으며 매우 안정적인 직업이었다. 1970년대에 정육업은 미국에서 가장 낮은 이직률을 자랑하는 직업 중 하나였다. 자동차 제조 노동자와 비슷했다. 그러다 임금과 특전 수급을 줄이고 노동조합을 타파했다. 현재의 정육업은 그 어느 상업 직업 중에서도 가장 높은 이직률을 갖는 직계 중 하나이다." Frontline, "Inside the Slaughterhouse," https://www.pbs.org/wgbh/pages/frontline/shows/meat/slaughter/slaughterhouse.html.

반려동물의 복리를 위해 오랜 시간 노력해 온 미국동물학대방지협회(ASPCA)는 일하는 동물의 보호로 초점을 바꿨다. 그 결과, 단체의 웹사이트는 업계의 비인도적인 관행을 드러내는 백서와 보고서로 도배되어 일반적인 시민이 변화를 야기할 수 있는 방안을 제공한다.[45] 이러한 사실을 우리는 확인할 필요가 있을 것이다.

3) 나쁜 소식

나쁜 소식은 업계를 지탱하는 기업체들의 엄청난 영향력과 "농억법"(ag-gag laws)[46]으로 알려진 법규들이다. 농억법이란 목축 시설을 촬영하여 배면에 일어나는 일들을 폭로하는 내부 고발자를 범인으로 규정하는 주 단위의, 그 범위가 서서히 넓혀지는 법률 종류를 가리킨다.[47]

현재로서, 미국 주의 절반이 농억법을 제정할 시도가 있었고 외국에서도 비슷한 동향이 보인다.[48] 결과적으로 총 7개 주에서는 도축장의 사진이나 영상을 찍는 것이 불법화됐다. 그런 화상들이 일반 시민인 우리를 견딜 수 없는 현실을 직면하게 하기 때문이다.

45　ASPCA의 "Factory Farms," www.aspca.org/animal-cruelty/farm-animal-welfare를 확인하라.
46　ag-gag이란 agricultural gag의 줄임말로, 그 번역은 농업 (발언) 억압의 약어인 농억으로 결정했다(역자 주).
47　"What is Ag-Gag Legislation?," ASPCA, https://www.aspca.org/improving-laws-animals/public-policy/what-ag-gag-legislation.
48　Luke Runyon, "Judge Strikes Down Idaho 'Ag-Gag' Law, Raising Questions for Other States," NPR, 2015년 8월 4일, www.npr.org/sections/thesalt/2015/08/04/429345939/idaho-strikes-down-ag-gag-law-raising-questions-for-other-states.

농역법과 관련하여 매우 주목할 만한 사건이 있다. 유타주 드레이퍼시 데일티스미스앤손즈미트패킹컴퍼니(Dale T. Smith and Sons Meat Packing Company)의 외각에서 휴대 전화로 영상을 녹화하려 한 25살 에이미 메이어(Amy Meyer)의 이야기이다.[49] 드레이퍼 시민으로서 도축장을 주변을 차로 몇 번이나 지나갔을 그는 2013년 2월 8일, 차에서 내리기로 했다. 그는 시설을 두르는 철조망 바깥 국유지에서 촬영을 시작했다. 거기서 촬영한 짧은 영상은 국도를 향해 열려 있는 시설의 문과 생산 설비에 끌려가는 소를 보여 준다. 메이어는 살아 있으나 의식을 잃은 소를 시설 바깥으로 운반하는 지게차를 촬영했다. 촬영과 상황의 해설을 시작한 지 몇 초 내, 시설의 관리자는 트럭을 몰고 와, 메이어가 법을 어기고 있음을 알렸다. 그가 서 있는 땅은 국유지라 설명한 즉시, 시설 관리자는 경찰을 불렀다. 몇 분 후, 7대의 경찰차가 도착했다. "경찰관들 모두는 먼저 (시설 관리자인) 브렛 스미스(Brett Smith) 쪽으로 가 악수부터 했다"라고 메이어는 회상한다.[50] 메이어는 심문을 받았으며 (영상이 이를 명확히 반증하지만) 무단 침입의 혐의를 받았고 벌금의 협박을 받았다.[51] 11일 후, 메이어는 형기 최대 6개월의 B급 경범죄인 "농업 작업 방해"를 저질렀음을 알게 됐다.[52]

---

[49] Leighton Akio Woodhouse, "Charged with the Crime of Filming a Slaughterhouse," *The Nation*, 2013년 6월 31일, www.thenation.com/article/charged-crime-film-ing-slaughterhouse/. 위의 영상에서 메이어와 지방 경찰의 대화를 확인할 수 있다.

[50] Woodhouse, "Filming a Slaughterhouse."

[51] Woodhouse, "Filming a Slaughterhouse."

[52] Woodhouse, "Filming a Slaughterhouse."

다행히도 이야기가 지역 및 국가 언론의 관심을 받아 메이어를 향한 혐의는 취소됐다.

누구든 볼 수 있는 광경을 휴대 전화로 촬영한 것으로 이 요란이 말이 되는가?

농억법의 실체가 공론화되며 항의도 커졌다고 말할 수 있음에 감사하다. 대량 감금형 축산업도 공론화와 함께 비슷한 경과를 겪을 것을 희망한다. 내 질문은 다음과 같다.

이 움직임이 일어날 때 교회는 어디에 있을 것인가?

3. 사례 연구: 짐 굿맨(Jim Goodman)

공장식 목축업의 영향에 대한 마지막 사건은 업계 경력 40년의 낙농업자 짐 굿맨의 증언이다. 위에 언급했듯이 공장식 목축업의 일차 피해자는 동물이 아니라 농업자이다. 현대 사회는 소규모의 가족형 농업을 경제적으로 불가능하게 한다. 닭의 생명을 고려하는 가금 목축업자는 타이슨과 경쟁할 수 없다.

소 한 마리 한 마리의 이름을 아는 낙농업자는 기계적인 회전목마에서 수백, 수천 마리 소의 젖을 짜는 기업형 낙농업과 경쟁할 수 없다. (그러나 정말 다행으로 안심할 수 있는 것은, 어린이용 웹사이트 <데어리 디스커버리 존>[Dairy Discovery Zone]에 따르면 이와 같은 기계적인 회전목마를 통해 얻은 "건강하고 영양소 높은 우유"가 어찌 된 것이 단 한 번도 사람의 손을 거치지 않았다고 보증한다는 것이다.⁵³⁾ 짐의 증언은 2018년 「워싱턴 포스트」(*Washington Post*)의 한 기사에서 시작한다.

> 올여름, 나는 내 소 떼를 팔았다. 이 소 떼는 1904년부터 내 가족의 일원이었다. 45마리의 소 한 마리 한 마리의 이름을 외우고 있다. 우리 농장을 인계받을 사람을 찾지 못했다. 그런 것을 누가 인계받겠는가. 낙농업이 조금 힘든 일도 아니고, 어찌 보면 경제적 자살과도 같은데 말이다.⁵⁴

굿맨은 자신의 소들이 트럭에 옮겨지는 모습을 볼 힘을 모으지 못할 것을 알아, 마지막으로 소의 젖을 짜고 농장에서 나가 트럭 운전사에게 일을 맡겼다 한다.

> 남은 것이란 마지막으로 농장에서 봤을 때 되새김질 거리를 씹으며 초원을 기다리는 그들의 모습을 기억할 수 있는 것이 전부이다.⁵⁵

굿맨은 명백히 유능한 경영자다. 수요와 공급의 현실, 농업 규제 그리고 정치를 이해한다. 그러나 농업 종사자들이 슬슬 쓸모없어진

---

53   Suzan Allen, "4 Modern Milking Parlor Designs," Dairy Discovery Zone, 2017년 12월 13일, www.dairydiscoveryzone.com/blog/4-modern-milking-parlor-designs.

54   Jim Goodman, "Dairy Farming Is Dying. After 40 Years, I'm Done," *Washington Post*, 2018년 12월 21일, www.washingtonpost.com/outlook/dairy-farming-is-dying-after-40-years-im-out/2018/12/21/79cd63e4-0314-11e9-b6a9-0aa5c2fcc9e4_story.html?utm_term=.d4192c32708c.

55   Goodman, "Dairy Farming is Dying."

다는 것도 이해한다.

> 1979년 처음으로 농업을 시작할 당시, 45마리 소가 제공하는 우유로 생활비와 새로운 기계나 시설 그리고 괜찮은 삶을 살고 가족을 만들어 낼 경제적 기반이 돼 줬다.[56]

유능한 경영자로서 굿맨은 상위 중서부(upper Midwest) 지역 25만 명의 농업 종사자가 망하고 900명이 자살을 한 1980년대를 살아남았다. 그러나 굿맨이 마주한 현대의 위기는 그의 경영 능력을 넘어선다고 한다. 그렇게 굿맨은 2017년에서 2018년 사이 농장을 닫은 위스콘신의 665명의 낙농업자와 함께 집과 가족의 유산을 "끊었다."

굿맨은 이 위기의 원인을 "급락하는 물자의 가격과 급등하는 공급량에는 턱 없이 부족한 정부의 설다른 지원과 보험 프로그램"에 있다고 보았다. 그리고 그는 이와 같은 상황에 대해 "절망은 뚜렷하고 자살은 삶의 이치"라고 말한다. 물론, 농가 공동체가 전락하면 카페, 마트, 학교, 교회 등 그 농가들을 기반으로 지어진 지역 업체들도 전락하기 마련이다. 결국, 농가 단체가 강제적으로 농장을 닫게 된다면 공동체의 기반 시설이 무너지는 것이다.

1980년과 비교하면 농업자의 수가 줄어든 터, 압류로 폐장하는 농장의 수도 줄어들었다. 그러나 이웃 농장과 소유물이 경매에서 처분되는 것의 불쾌함은 30년 전과 비교했을 때 전혀 줄지 않았다. 한 농

---

56 Goodman, "Dairy Farming is Dying."

업 가정의 노동을 통해 쌓아 온 일생의 결과물이 하나하나 경매당하는 것을 바라보는 모습이나, 소가 울타리를 따라 최고의 입찰가에 팔리기 위해 퍼레이드를 행하는 것 그리고 아이들이 건초 더미에 숨어 울고 있는 채 도구, 가구 그리고 장난감이 "쓰레기 상자"라 불리는 더미에 쌓여 몇 달러에 팔리는 모습을 보는 것은 괴로운 일이다. 즉, 이러한 경매 절차는 아직 나에게도 너무나 고통스러운 일이다.[57]

짐 굿맨의 증언을, 그리고 이와 비슷한 수많은 다른 이야기를 들으면 현대의 과부와 고아의 목소리가 들린다. 그리고 궁금해진다. 누가 이들의 목소리가 돼 줄 것인가. 미국 농무부에 따르면, 미국 내 낙농업자의 수는 1970년대의 약 65만 명에서 2017년 말 40,219명으로 줄었다. 충격적인 차이이다.

이 차이를 어떻게 설명할 수 있는가?

소는 과거보다 더 많은 양의 우유를 생산하고 미국인은 더 많은 양의 우유를 소비하지 않는가?

정답은 낙농장 별 소의 수가 급증했다는 것이다. 1987년, 미국 낙농장의 절반은 80마리 이하의 소를 길렀다면 2012년에는 농장별로 900마리 이상의 소를 기른다. 현시대의 소들은 더욱 "효율적인" 농장에서 거주한다(보관된다). 그러나 900마리의 소와 관계를 형성해 나가는 것은 농부가 아니다. 기업체다.

57　Goodman, "Dairy Farming is Dying."

4. 결론

그리스 아테네에 사는 훌륭하고 젊은 구약성경학자인 테오카루스 미르토의 인용구로 제3장을 시작했었다. 그 인용구는 2015년 가을, 복음주의신학회(Evangelical Theological Society)의 국가 단위 총회 발표문에서 발췌한 것이다. 이 발표에서 테오카루스는 소비지상주의(consumerism)의 정의를 내렸고 소비자 정신이 거룩한 생활과 어디서 어떻게 접목되는지를 분석했다.

그의 논문에서 기술했듯이, 그는 실제로 소비자 정신의 유일한 관심사는 최고의 제품을 최저의 가격으로 얻는 것이라 말한다. 개인적으로 그 자체로 문제가 있는 것은 아니라 생각한다. 내가 평소에 시장에서 장을 볼 때 흔히 이런 정신으로 장을 본다. 아마 당신도 다르지 않을 것이다.

그러나 복음주의신학회 총회에서 테오카루스가 소비지상주의를 자신이 일하는 환경에 접목했다. 이때, 청중이 보게 된 소비자 정신의 풍경은 급격하게 변화했다. 명증하게 말하자면 테오카루스는 소매업 노동자나 일반적인 일은 하는 사람이 아니다. 그녀는 아테네에서 매춘업에 종사하는 젊은 여성들과 관련된 일을 한다. 위의 인용구를 이 맥락에 빗대어 다시 한번 고려해 보라.

> 소비자로서의 정체성이 위험한 것은 소비자가 상품의 공급 과정을 되묻지 않을 가능성이 크기 때문이다. 소비자로서의 정체성을 갖은 이들의 유일한 관심은 최저가의 상품에서 최고의 효율을 끌어내는 것이다.

> 이들은 심지어 소비자들의 정체성에 대한 전통적인 견해였던 무지한 소비자의 역할을 계속하려 한다. 누구에게도 보이지 않고, 익명 상태를 유지한 채, 그 어떤 책임으로부터도 자유로워하고 싶어 한다.[58]

이상을 통해 우리는 다음의 사실에 동의할 수 있을 것이다. 이 발표를 들은 11월 어느 날의 오후, 조지아주 애틀랜타시 소재 힐튼호텔의 대연회장에서 우리 모두의 세계관은 바뀌었다. 최고의 제품을 최저의 가격으로 얻는 것을 테오카루스의 입장에서, 그의 이야기의 맥락에서 생각하면 비윤리성이 명확하다. 업계에 들어서게 된 창녀의 과거가, 포르노 영화 여배우의 과거가 어찌 신경이 쓰이지 않을 수 있겠는가.

테오카루스에 따르면, 소비자에게 제품의 여정에 대한 무책임을 허하는 "소비자" 정체성을 갖는 것은 윤리적으로 모호하다.

소비자 정체성을 가진 이들은 다음과 같은 질문을 제기한다.

"원자재는 누가 수집했는가?"
"조립은 누가 했는가?"
"제품은 어떻게 운반됐는가?"

---

[58] Myrto Theocharous, "Becoming a Refugee: Sex Trafficking and the People of God," *Journal of the Evangelical Theological Society* 59 (2016): 318.

질문하지 않는다. 이 모든 걱정거리는 판매자의 책임이다.[59] 매춘 업계의 맥락에서 테오카루스의 가설을 되물을 사람은 없을 것으로 생각한다. 당연히 우리 책임이다. 우리의 자본주의적 경제와 소비자 문화는 우리의 이런 책임을 사면하지 못한다. 어려운 질문은 여기부터다.

우유, 고기, 달걀의 구매를 촉진하는 "소비자 문화"는 어떤가?

우리는 이런 "제품"들이 우리에게 올 때까지의 여정에 관한, 원자재를 누가 어떻게 수집했는지에 대한 윤리적인 책임을 갖는가?

원자재를 생산하는 생명체에 대해 윤리적인 의무가 있는가?

아니면, "제품의 여정"의 책임에 대한 사면을 최고의 제품을 최저의 가격으로 얻는 과정으로 정당화할 수 있는가?

수년 전, 애즈버리신학대학교 왕국 회의에서 나는 위험을 짊어지고 질문을 했다.

"당신은 한 번이라도 매주 월마트[60]에서 사는 스티로폼 또는 셀로판에 쌓인 닭 부위의 생명을 고려해 본 적이 있나?"

이스라엘은 언약법에 의해 고려를 할 수밖에 없었다.

구약성경의 법규들은 이스라엘의 국민이 그들에게 맡겨진 가축들에 대한 단순한 "소비자"일 자유가 주어지지 않았다는 것을 명확히 한다. 가축을 존중함으로, 안식일 휴식 제도를 통해, 가축의 생명과

---

59 Theocharous, "Becoming a Refugee," 318.
60 미국 내 대형 마트(역자 주).

노동에 대한 인도적인 대우를 통해, 수확물 일부를 통해, 위엄과 공감을 겸한 도축을 통해 그들의 신을 존중할 것을 명받았다.

오늘날 하나님의 사람들은 어떤가?

우리에게 맡겨진 동물들과 관련해 과거보다 덜하게 하나님을 존중하는 것이 마땅한가?

5. 논의 의제

1. 신명기의 법은 왜 동물의 복리에 이토록 집중하는가?

2. 21세기의 우리는 왜 과거에 비해 이토록 동물의 복리에 무관심한가?

3. 당신은 농가 출신인가?

4. 4-H 가족 출신인가?

5. 작업을 계속하기로 한 농업 종사자들이 위에 기술한 관행들에 대해 어떻게 생각할 것 같은가?

6. 지방 소도읍은 왜 대량 감금형 목축업 기업을 환영하는가?

7. "소비자 정체성"에 대해 바뀌거나 새로 생겨난 생각들이 있는가?

8. 미국의 입법자들은 왜 가족농과 그들과 함께 무너진 지역 경제의 몰락을 허용했는가?

4

'ādām에게 맡겨진 야생 동물

산업화 세계에 사는 우리는 식욕이 자원과 인간성을 넘어서는 것을 허락했다. 현자들은 물질주의를 규탄하지 않았다. 당시에 균형의 긴요함을 격심히 잘 인지했다. 이제는 거의 인지하지 못하는 균형의 필요성을 말이다.

- 다니엘 스워츠(Daniel Swartz), *Jews, Jewish Texts, and Nature: A Brief History* (1994)

욥기 38장과 39장에서 오랜 기간 고통에 앓은 하나님의 하인인 욥을 향해 천상에서 연달아 질문이 쏟아진다. 심문의 목적은, 욥이 창조자가 아니라 피조물임을 기억하도록 만들기 위해서다.

> 네가 너의 날에 아침에 명령했느냐 새벽에 그 자리를 일러 주었느냐 네가 바다의 샘에 들어갔었느냐 깊은 물 밑으로 걸어 다녀 보았느냐 네가 사자를 위하여 먹이를 사냥하겠느냐 젊은 사자의 식욕을 채우겠느냐 그것들이 굴에 엎드리며 숲에 앉아 숨어 기다리느니라 산 염소가 새끼 치는 때를 네가 아느냐 암사슴이 새끼낳는 것을 네가 본 적이 있느냐 그것이 몇 달 만에 만삭되는지 아느냐 그 낳을 때를 아느냐 매가 떠올라서 날개를 펼쳐 남쪽으로 향하는 것이 어찌 네 지혜로 말미암음이냐 독수리가 공중에 떠서 높은 곳에 보금자리를 만드는 것이 어찌 네 명령을

따름이냐(욥 38:12, 16, 39-40; 39:1-2, 26-27).

이 질문을 보는 나는 욥의 말을 반복한다. 나는 분명히 모른다. 이런 훌륭한 것들을 따라 하거나 복제하기는커녕 이해하기도 어렵다. 우주의 주인만이 독수리를 그 둥지에서 부를 수 있고 새벽을 부를 수 있다. 그러므로, 나 또한 욥과 같이 창조물에 대해 창조주에 대한 찬양으로 답한다. 땅과 바다의 경계선에 서서 그 힘을 암시하는 해수 분무를 맞을 때, 바람이 나를 침묵시킬 때, 야생 동물을 들을 기회가 생길 때, 내 가슴은 다음과 같은 찬송가를 부른다.

여호와 우리 주여 주의 이름이 온 땅에 어찌 그리 아름다운지요(시 8:9).

왜 바람을 타는 독수리의 근사함 때문에, 생명의 신비로운 사실들과 그 복잡한 형태들로 내 가슴은 찬양을 갈망하는가. 왜 나는 7살의 아이 그리고 펭귄의 위대한 모험을 볼 때 신자인 나를 부끄럽게 하는 정도의 자기희생적인 정신을 그 동물에게 전수한 하나님에 대한 경외감이 드는가. 답은 단순히 세계(cosmos)가, 그리고 그 모든 아름다움과 복잡함이, 하나님의 형상이기 때문이다. 나 또한 그 하나님의 형상으로 창조되었다.

우연히 목초지에 들어서 야생 동물과 눈을 마주치게 되면 에덴을 기억하는 나의 일부가 말이 막힐 정도로 놀라는 것이다. 창조주의 노래 메아리가 아직도 들리는 나의 일부는 매끄럽고 완벽히 균일하게 헤엄치고 호흡하여 내가 탄 고래 관광함의 뱃머리가 만드는 파도를 타기 위해 수로를 갈라 달리는 햇빛에 빛나는 돌핀 떼를 보면 기뻐하며 웃는다. 하나님이 상상력을 초월할 정도의 미와 능력을 갖춘 존재로 축복했음이 틀림없다. 하나님이 아담(ʾādām)에게 맡긴 동물은 거치고 강력하면서도 연약한 동물이다.

1. 성경은 이렇게 말한다

우리와 함께 사는 야생 동물들에 대해 성경은 어떤 말을 하는가?

성경은 명시적으로 말한다. 타락한 세상이라 하더라도 하나님은 자신의 창조물인 이 세상의 아름다움과 균형에 기뻐한다. "당나귀를 놓아 자유롭게" 한 것도, "그것의 집으로, 소금 땅을 그것이 사는 처소로" 삼은 것도 여호와다(욥 39:5-6). 홍수 이야기에서 하나님은 인간의 타락을 근거로 세계를 심판하신다.

그러나 하나님은 동물들과 인류를 지킨다. 재창조의 언약은 "너희와 함께한 모든 생물 곧 너희와 함께한 새와 가축과 땅의 모든 생물"과 체결했다(창 9:10-11). 시편 104편의 고귀한 표현을 빌려 말하면 다음과 같다.

> 여호와께서 샘을 골짜기에서 솟아나게 하시고 산 사이에 흐르게 하사 각종 들짐승에게 마시게 하시니(시 104:10-11).

성경은 여호와가 우리 생태계를 야생 동물이 생존하고 번성하기에 필요한 의식주를 제공할 수 있도록 설계했음을 가르친다.

> 여호와의 나무에는 물이 흡족함이여 곧 그가 심으신 레바논 백향목들이로다 새들이 그 속에 깃들임이여 학은 잣나무로 집을 삼는도다 높은 산들은 산양을 위함이여 바위는 너구리의 피난처로다(시 104:16-18).

하나님은 이 어마어마한 수의 동물들에게 각기 생존에 요구되는 서식지를 제공한 것이 명백하다. 그런데, 모든 환경 보호론자가 말하듯이, 동물의 멸종 제일 원인은 서식지의 파괴이다. 미국에서는 매년 200만 에이커의 토지를 도시화의 이름에 집어삼킨다.[1] 그 결과 오늘

---

1 유대교적 환경주의의 흥미로운 표현은 "에코코셔"(eco-kosher)적인 생활방식의 요구이다. "코셔"(kosher)란 "건강하고 건전하며 종교법에 알맞은"이라는 의미로 역사적으로는 식이요법에서만 활용됐었던 반면, "에코코셔"에서의 "코셔"는 지구를 보호하기에 "건전"하다는 의미를 갖는다(Roger Gottlieb, *This Sacred Earth* 중 Arthur Waskow, "What Is Eco-Kosher?," 297-300. Rabbi Hayim Halevy Donin, *To Be a Jew: A Guide to Jewish Observance in Contemporary Life* [New York: Basic Books, 1972], 97).
미국농지위탁업체(American Farmland Trust)는 1992년에서 2012년 사이 거의 3,100만 에이커의 농지를 잃었다고 추산한다. 시당 175에이커. 분당 3에이커가량의 땅이다("Farms Under Threat," American Farmland Trust, https://farmland.org/project/farms-under-threat/). 국가자원보호의회(National Resource Defense Council)는 이 문제를 해결할 수 있는 좋은 방안을 발표했다. Deron Lovaas, "Measuring Suburban Sprawl," National Resource Defense Council, 2014년 4월 2일, https://www.nrdc.org/experts/deron-lovaas/measuring-suburban-sprawl. 야생 동물과 그 서식지의 보호에 관해 연방 단위에 극적인 변화가 있었다. 한 보고서에 따르면 "생물학자들이 지정한 중대 서식지는 그 원래 규모와 비교해 3분의 1 규모로 축소됐다. 축소분 중 69퍼센트는 경제적 요인이 원인이었다. 경제적 요인으로 인한 야생 동물 중대 서식지의 축소는 2001년에 1퍼센트에 그쳤다." (Felicity Barringer, "Endangered Species Act Faces Broad New Challenges,"

날 종의 멸종률은 역사적 멸종률과 비교했을 때 천배에 달한다.[2] "산업화 세계에 사는 우리는 (실로) 식욕이 자원과 인간성을 넘어서는 것을" 허락하여 "이제는 거의 인지하지 못하는 균형"[3]이 필요한 듯하다.

더군다나, 야생 동물의 서식지가 하나님이 야생 동물을 위해 설계하고 그들에게 선물한 사실은 우리의 무모한 관행에 대한 반성을 촉구해야 마땅하다.

우리가 "이스라엘"이라 이해하는 영토는 사실 매우 작은 지역이다. 그러나 지리적인, 그리고 기후적인 다양성이 높은 지역이다. 온화한 지역이 있다면 열대 지역도 있고 지중해가 서쪽, 홍해가 남쪽에, 동쪽과 남쪽에는 사막과 중앙 산맥 지역과 트란스요르단산맥, 요

New York Times, 2005년 6월 26일, www.nytimes.com/2005/06/26/politics/endangered-species-act-faces-broad-new-challenges.html). 다니엘 글릭(Daniel Glick)은 2001년 5월 18일 부시 대통령 13212호 행정 명령 "에너지 관련 계획의 촉진을 위한 행위"(Actions to Expedite Energy-Related Projects)의 공표가 "한 대통령이 연방 국유지에 끼친 피해량이 가장 큰 한 획이었을 것"이라 분석될 수 있다고 말했다("Putting the 'Public' Back in Public Lands: An Open Letter to the Next President," *National Wildlife*, 2008년 10월/11월, 26). 이 행정 명령을 결과로, 로키산맥 인근 지역에서의 시추 허가의 수가 2001년에서 2007년 사이 125퍼센트 증가했다. 2000년에는 1,500건이 있었다면 2007년에는 6,500건이 있었다(Glick, "Putting the 'Public' Back," 27).

2 역사를 기반하여 예상되는 멸종률은 매년 100만 종 중 1종이어야 하나, "(새, 홍합, 어류, 그리고 식물과 같이) 다양한 생물의 연구에 따르면 이 생물들이 기존 멸종률보다 천 배에 해당하는 멸종률을 경험하고 있다. 나아가, 현재 멸종 위기에 서 있는 종의 수는 최근에 멸종한 종의 수를 압도적으로 넘어서는 터, 미래에는 멸종률이 '일반적인' 멸종률보다 만 배에 달하게 될 수 있다"(Kyle S. Van Houtan, "Extinction and Its Causes," *Creation Care*, 2008년 가을, 15).

3 Roger S. Gottlieb, *This Sacred Earth: Religion, Nature, Environment* (New York: Routledge, 1996) 중 Danel Swartz, "Jews, Jewish Texts, and Nature: A Brief History,", 92-109. (원래 *To Till and to Tend: A Guide to Jewish Environmental Study and Action* [New York: The Coalition on the Environment and Jewish Life, 1997]에 발표됐다.)

르단계곡, (지구상 해발 고도가 가장 낮은 지역인) 사해 그리고 제즈릴(Jezreel)계곡이라 알려지는 대동서로(great east-west passageway)가 있다.

이스라엘 지역은 아프리카와 아시아, 두 대륙 사이의 육교이기도 하다. 즉, "약속된 땅"은 목적지일 뿐만 아니라, 매우 중요한 이동 경로이기도 하다. 다양성 높은 생태계와 동물들의 이동 경로에의 중요성에 의해 작은 이스라엘의 지역에 거주한 동물들의 수는 엄청나다. 흰 오릭스, 시리아 불곰, 아시아 사자, 아시아 치타 그리고 시리아 야생 당나귀의 서식지가 파괴되기 전, 이 모든 동물은 이스라엘 지역에 있었다.[4]

살쾡이는 한때 현재는 현존하지 않은 훌라호하천(Hulah river basin) 지역에 거주했다. 모래 고양이, 야생 고양이, 카라칼(caracal) 그리고 표범도 이스라엘 부근에 목격되곤 했다. 오로크스(aurochs), 부발하테비스트(bubal hartebeest), 나일악어 그리고 하마도 요르단강과 그 인근, 초목이 무성한 충적토 평야에 거주했다. 몇몇 사람은 시리아 코끼리도 이 지역을 지나갔다고 말한다.

아카시아, 도르카스 가젤(dorcas gazelle), 페르시아 다마사슴, 노루, 붉은 사슴, 누비아아이벡스 염소(Nubian ibex) 그리고 멧돼지 모두가 식품 원천이었다(신 12:15, 22; 14:5; 15:22를 확인하라).[5] 아라비아 타조

---

[4] 이스라엘자연공원관리국(Israeli Nature and Park Authority)은 위에 나열한 동물 중 일부의 복귀를 위해 열심히 일하고 있다. 아쉽게도 서식지의 파괴는 아직도 심한 방해물이 된다(Noam Kirshenbaum, *Mammals of Israel: A Pocket Guide to Mammals and Their Tracks*, Nature in Israel series [The National Parks Authority, 2005]을 확인하라).

[5] Nathan MacDonald, *What Did the Ancient Israelites Eat? Diet in Biblical Times* (Grand Rapids: Eerdmans, 2008), 34.

와 북아프리카 타조, 후투티, 독수리, 매, 부엉이 그리고 나열하기에는 너무나도 다수의 명금이 현재 이스라엘 지역에 거주하거나 동물고고학에 (발굴한 뼈에) 의해 과거에 거주했음이 알려져 있다. 남 레반트 지역에는 당신이 알고 싶지 않을 정도로 많은 종의 뱀이 있다.[6]

사자, 표범, 곰, 자칼, 여유 그리고 늑대가 전부 있었다는 것은 성경 또는 발굴된 뼈로 인해 확인됐다.[7] 그리고 또 이스라엘의 북쪽 끝자락에 충격적인 수의 해중 동물을 자랑하는 에이라트산호해변자연보호구역(Eilat Coral Beach Nature Reserve)도 있다. 이런 지역이 자연 관리단이 살 수 있다면 샀을 지역이다.

이스라엘 지역의 전반적인 역사에 근거하여, 고대 히브리 사람들이 이스라엘 정착 및 도시화의 초기(B.C. 1200-1000년, 제1 철기)에는 레반트 지역에 아직 큰 문제가 되지 않았음을 추정할 수 있다. 반대로, 초기 이스라엘 사람들은 토지를 200에서 300명의 인구에 헤아리고 15에서 20명가량의 인원수의 대가족을 중심으로 운영되고 봉쇄적이고 상호적인 경제를 갖은 작은 마을 단위로 개척했다.

이 마을 하나하나가 생존의 문제에 전임했다.[8] 지속적인 양과 염소의 혼합 목축업으로 보완한 계단식 비탈에서 곡물과 포도 그리고 올

---

[6] US Armed Forces Medical Intelligence Center, United States Defense Intelligence Agency Deputy Directorate for Scientific and Technical Intelligence, *Venomous Snakes of the Middle East Identification Guide* (Fort Detrick, Frederick, MD: Armed Forces Medical Intelligence Center, 1991), Department of Defense Intelligence Document DST-1810S-469-91.

[7] Oded Borowski, *Every Living Thing: The Daily Use of Animals in Ancient Israel* (Lanham, MD: AltaMira, 1999), 196-205.

[8] Leo G. Perdue et al., *Families in Ancient Israel* 중 Carol Meyers, "The Family in Early

리브의 재배법으로 채택한 건지 농법은 이스라엘의 생업 경제의 특징이 됐다.[9]

이런 마을들에서는 영구적인 시설을 보기 어렵다. 주택은 마을을 둘러싸 내부의 사람과 가축을 보호했다. 저장 물은 적었다. 가족마다 곡물을 보관할 사일로와 물을 보관하기 위한 회반죽으로 안감을 댄 물탱크가 전부였다. 기념비적인 건축물 또한 없었다.[10]

마을들의 경제는 외부 세계와의 교류가 적었던 "봉쇄" 경제였다. 교류는 물물교환이 중심이었고 동류 사이에 한정하여 이행됐으며 각종 철류는 희귀했다.[11] 그러므로, 신명기의 사회적 규범들이 착상됐을 당시, 약속된 땅의 야생 동물들의 서식지는 아직 인간의 정착때문에 과도한 스트레스를 받지 않았음을 추정할 수 있다. 그러나 신명기 22:6-7은 그때 당시도 야생 동물 서식지의 보호가 우선 사항이었음을 암시하는 작지만 특이한 법규를 제시한다.

Israel,"와 The Family, Religion, and Culture (Louisville, KY: Westminster John Knox, 1997), 1-47, 그리고 Avraham Faust, *The Archaeology of Israelite Society in Iron Age II* (Winona Lake, IN: Eisenbrauns, 2012), 7-27, 255를 확인하라.

9   Sandra L. Richter, "The Question of Provenance and the Economics of Deuteronomy," *Journal for the Study of the Old Testament* 42 (2017): 23-5을 신명기 7:13, 11:14, 12:17, 14:23, 16:9, 18:4, 23:25, 28:51, 33:28과 비교하라.

10 Kent Harold Richards (ed.), *Society of Biblical Literature 1983 Seminar Papers* 중 David C. Hopkins, "The Dynamics of Agriculture in Monarchical Israel," 177-193, Oded Borowski, *Daily Life in Biblical Times*, Archaeology and Biblical Studies 5 (Atlanta: Society of Biblical Literature, 2003), 13-42, David J. Schloen (ed.), *Exploring the Longue Durée: Essays in Honor of Lawrence E. Stager* (Winona Lake, IN: Eisenbrauns, 2009) 중 Avraham Faust, "Cities, Villages, and Farmsteads: The Landscape of Leviticus 25.29-31," 106을 확인하라.

11 Richter, "Question of Provenance," 26-29를 확인하라.

> 길을 가다가 나무에나 땅에 있는 새의 보금자리에 새 새끼나 알이 있고 어미 새가 그의 새끼나 알을 품은 것을 보거든 그 어미 새와 새끼를 아울러 취하지 말고 어미는 반드시 놓아 줄 것이요 새끼는 취하여도 되나니 그리하면 네가 복을 누리고 장수하리라(신 22:6-7).

많은 사람은 이 법규를 '파스 프로 토토'(pars pro toto), 즉 큰 원칙을 대표하는 하나의 표현으로 분석했다. 또 다른 사람들은 이를 비유(analogia), 즉 추상적인 개념을 구체적 예시로 표현하는 지혜 문학의 매체로 분석했다.[12] 다수의 사람은 이 문구를 침략 전에서 과목을 남겨둘 것을 규정하는 신명기 20:19-20의 비유로 해석했다.

이 문구는 다음 장에서 다룰 것이다. 양 문구의 중심은 생명 의미의 보전이다.[13] 다른 말로 하자면, 지속 가능성이다. 이 법률에 따르면 "어미와 새끼를 아울러" 취하는 것은 결국 종족의 멸종을 일으킬 것을 이유로 견책된다. 나아가, 유명한 유대인 학자인 제프리 티게이(Jeffrey Tigay)가 지적하듯이, "어미와 새끼를 아울러"라는 구절이 전쟁의 맥락에서 타당한 이유는 없으나 악의 있는 살해를 가리키는 상용구이다.[14]

---

12 Jacob Wright, "Warfare and Wanton Destruction," *Journal of Biblical Literature* 127, no. 3 (2008): 453. Richard Nelson, *Deuteronomy*, Old Testament Library (Louisville, KY: Westminster John Knox, 2002), 268과 비교.

13 Nelson, *Deuteronomy*, 337.

14 Duane L. Christensen, *Deuteronomy 21:10-34:12*, Word Biblical Commentary (Nashville: Thomas Nelson, 2002), 500. Jeffrey Tigay, *Deuteronomy*, JPS Torah Commentary (Philadelphia: The Jewish Publication Society, 1996), 201. 새끼를 어미의 젖에 끓는 것에 관한 신명기법에 대한 세슨의 해석도 비슷한 염려를 표한다(Jack Sasson, "Should Cheeseburgers be Koscher?" *Biblical Research* 19 [2008]: 40-43, 50-51).

즉, 도시화의 초기부터, 이스라엘은 야생 동물과의 관계에 있어서, 지속 가능한 생활을 하도록 명령받았다는 것을 알 수 있다.

이스라엘에서 타당한 이유는 없으나 악의 있는 살해를 하는 것으로 가장 유명했던 집단은 신-앗수르 제국이었다는 사실에도 주목할 만하다. 신-앗수르 제국은 역사상 최초의 실제적인 세계적인 제국이었다. B.C. 745년, 티그라트-필레세르 3세(Tilglath-pileser III)의 지도로, 무장 제국이었던 앗수르는 전례 없는 크기와 장비를 갖춘 군대를 갖췄다. 이들은 잔인함, 경제적 억압, 끊임없는 권력의 갈망 그리고 알려진 세계의 정복하려는 야망으로 유명했다.[15]

신-앗수르가 팽창하고자 한 지역에 소재된 국가 대부분은 신-앗수르의 뜻에 무릎을 굽고 제국의 속국으로 변환됐다. 이러면, 지역의 지배자가 관직을 유지할 수 있었고 국경도 존중됐지만, 지역의 경제를 크게 위협할 정도의 공물을 바칠 것을 강요받았다. 속국의 왕은 신-앗수르 군의 무해 통행을 상시 허용해야 했었고, 그들의 의식주를 책임졌으며 징집병 또한 바쳐야 했다.

결국, 모든 길은 니느웨를 향했고, 모든 재원 또한 니느웨를 향했다.[16] 협조하지 않은 왕들은 그 관직을 빼앗겼고 사형당하던가 추방당했고 황제가 선택한 사람으로 대체됐다. 폭동이 지속했다면 지역 정부는 소멸당했고 그 영토는 주(州)로서 아시리아 제국에 흡수됐으

---

[15] Bill T. Arnold and Richard S. Hess (ed.), *Ancient Israel's History: An Introduction to Issues and Sources* (Grand Rapids: Baker Academic, 2014) 중 Sandra Richter, "Eighth-Century Issues: The World of Jeroboam II, the Fall of Samaria, and the Reign of Hezekiah," 337-340.

[16] Richter, "Question of Provenance," 35-38.

며, 앗수르 출신의 주지사가 지역의 지도를 맡게 됐다.[17] 국가가 이 단계에 들어서게 되면 지역의 원주민들은 이주시켰고 그 토지는 다른 민족에게 하사됐다.

원주 민족의 이주와 외부 민족의 유입으로 지역 내의 반항심은 잦아들었다. 이렇게, "국가 정체성은 파괴됐고 반체제 세력은 해소됐으며 재배치된 집단이든 재배치되지 않은 집단이든, 외래 인구는 생존만이 목적으로, 그리고 아시리아만이 주(主)로 남은 상태가 됐다."[18] 앗수르 왕족의 또 하나 탐탁지 않은 특징은 그 통치권을 폭력 행사의 묘사로 정당화했다는 것이다. 묘사된 장면 중 하나는 왕이 야생 페르시아 사자를 죽이는 장면이다. 왕의 이런 성과를 기술하는 "보도 자료"는 그림 5에 볼 수 있다. 자료는 도움 없이 홀로 사자 수컷을 죽이는 신-앗수르의 황제가 영웅적으로 묘사됐다. 대중이 몰랐던 것은 이 자료가 어떻게 만들어졌는지이다. 그리고 모든 선전이 그렇듯이, 본 이야기에도 배경이 되는 이야기의 양이 상당했다.

대영 박물관의 10a실에 간다면 선전의 배경이 되는 이야기를 찾을 수 있다. 전시실 전체가 장엄한 아슈르바니팔의 사자 사냥 의식을 묘사한 거대한 벽 조각물들로 채워져 있다. 이 조각물들은 한때 니느웨에 있는 아슈르바니팔의 북궁(North Palace)을 꾸몄다. 조각물이 묘사하는 이야기는 아시리아의 왕들이 사자를 야생에서 사냥한 것이 아

---

[17] M. T. Larsen (ed.), *Power and Propaganda, Mesopotamia 7* (Copenhagen: Akademisk Forlag, 1979) 중 Benedikt Otyen, "Israel Under Assyrians," 251-256을 확인하라.

[18] Richter, "Eighth-Century Issues," 337.

니라 왕립 사냥 공원에서 사냥한 것을 알 수 있다.

야생 사자들이 감금되어 상자로 공원에 운반된 것이다. 사냥하는 날에는 방패를 갖은 병사들과 개들이 시설 곳곳에 배치되어 사자가 탈출하거나 왕에게 중대한 상처를 입히는 것을 방지했다. 사자들의 필사적인 용기와 이런 장엄한 생명체들을 향한 타당한 이유는 없지만, 악의적인 살해가 너무나도 생생하고 사실적으로 표현된 터, 대영 박물관을 처음 방문한 당시, 전시관을 나갔어야 했다.

이런 생각을 한 것은 나뿐만이 아니다. 몇몇 미술사학자들은 고정적인 왕과 사자들의 놀랍도록 유동적이고 섬세한 묘사를 근거로 원작가의 동감은 사자들을 향했다 추정한다.

왜 이렇게나 여실한 도살의 광경을 묘사했을까?

그들의 가치관에 근거해, 아시리아의 주민들에게 그 왕의 대단한 용맹과 이에 따라 통치권을 보여 주기 위해서다.

이 시점에서 대관식 이전에 사자를 맨손으로 죽인 왕이 생각날 수 있다. 그러나 아시리아의 왕들과는 달리 이 젊은 영웅은 스포츠를 이유로 사자를 죽인 것이 아니다. 그가 사자를 죽인 것은 그 아버지의 가축 떼가 위험했기 때문이다. 하나님의 왕국의 왕좌를 세속받은 이는 무기도, 개도, 병사도 그리고 물론 보도 자료도 없었다. 그러나 이건 또 다른 이야기이다.

신-앗수르의 이야기로 돌아가자. 대영 박물관에서 왕의 사냥을 묘사하는 벽 조각들이 내 눈길을 끈 것은 내가 「성경연구신문」(*Bulletin of Biblical Research*)에 발행할 기사를 쓰고 있었던 2010년이었다. (그림 6에서 볼 수 있는) 이 조각품에서는 신-앗수르의 왕이 다시 한번 사냥하

4. *ādām*에게 맡겨진 야생 동물들 109

그림 5. 사자 사냥

는 모습을 볼 수 있다. 왕의 통치권은 이제는 우리에게 익숙한 수컷 사자의 사체를 전시하여 기념된다.

그러나 이 벽 조각에서 내 관심을 끈 부분은 어미 새가 알이 내포돼 있는 둥지 채 취해지는 사실이다.[19] 즉, 이 조각품은 신아시리아에서 어미 새를 알 채 취하는 것이 주권자의 통치권을 정당화하는 데 적절했다는 것을 보여 준다.

---

19 쿠윤직(Kuyunjik)의 북궁(northern palace)에서 나온 벽 조각들은 사냥에서 돌아와 왕의 부하들이 죽은 사자와 토끼 그리고 새의 둥지를 모는 모습이 묘사한다. 이 특정한 벽 조각은 많은 사냥의 장면을 볼 수 있는 대영 박물관의 사자 사냥 관련 벽 조각물 전시의 일부이다. 야생 동물의 도축의 생생한 표현은 대중을 향한 통치권의 정당화를 공표하는 수단으로 이해되고 있다(C. J. Gadd, *The Assyrian Sculptures*, The British Museum [London: Harrison & Sons, 1934], 72-73. Wright, "Warfare and Wanton Destruction," 454, fig. 4와 비교하라).

그러나 신명기는 이스라엘이 다르게 행동하기를 규정한다.

> 길을 가다가 나무에나 땅에 있는 새의 보금자리에 새 새끼나 알이 있고 어미 새가 그의 새끼나 알을 품은 것을 보거든 그 어미 새와 새끼를 아울러 취하지 말고 어미는 반드시 놓아 줄 것이요 새끼는 취하여도 되나니 그리하면 네가 복을 누리고 장수하리라(신 22:7).

그림 6. 아시리아의 환관들이 왕의 사냥의 결과물을 몰고 돌아오는 모습

이웃의 관행과는 달리, 이스라엘은 약속된 땅을 종족 보존의 지혜로 가르침받는다. 신명기는 이스라엘이 야생 동물을 그들의 재생 능력을 간과한 채 도축한다면 이스라엘은 "선한지 못한 것"이라 한다. 나는 우리에게 같은 원리가 적용한다 생각한다.

2. 사례 연구: 미시시피 강변 저지대의 흑곰

2019년 2월, 나는 미시시피의 브랜던연합감리목사회리더쉽회의'(United Methodist Clergy Leardership Conference in Brandon, Mississippi)에서 "현대 세계에서의 성스러움: 창조 보존을 묻다"라는 3일간의 커리큘럼을 진행할 기회가 있었다.

잭슨 소재 도심 지역 신학대학에서의 경력이 4년이나 됐기에 당시 회의실에 있었던 많은 사람과 연이 있었다. 그렇다 하더라도 이런 주제로 경연을 의뢰받을 줄 상상하지도 못했다. 사실 경연이 어떤 결과를 낳을지도 걱정됐었다. 연설 대상자가 미시시피 사람들임을 고려하여 지역에 멸종 위기에 서 있는 토착종을 조사했다.

예상대로, 미시시피 지역의 토착종 멸종의 원인은 서식지의 파괴였다. 미시시피의 경우, (지역민에게는 "삼각주"로 알려진) 강변 저지대의 미시시피 충적 분지(Mississippi Alluvial Valley)의 장엄한 경엽수림의 벌채가 주원인이었다.[20]

---

20 "강변 저지대의 수림은 위쪽의 건조한 경엽수림과 아래쪽의 수분기가 매우 높은 범람원과 습생림 사이의 과도적인 지역의 역할을 한다. 경엽수림의 나무들은 장기간의 홍수를 견디지 못하지만, 수면이 높아지면 정기적으로 물에 잠긴다"("Bottomland Hardwoods," University of Florida Forest Resources and Conservation paper, 2, www.sfrc.ufl.edu/extension/4h/ecosystems/bottomland_hardwoods/bottomland_hardwoods_description.pdf). 이처럼 생물학적 다양성이 높은 지역들은 소나무 숲이라던가 강변에서 먼 고지대의 숲들보다 2배에서 5배가량의 동물 종을 지탱할 수 있다. 번식기의 어류와 새들에게 중요하며 수로의 정화에 중요한 역할을 한다("Bottomland Hardwoods," 2-7).

1980년까지 이 모든 숲의 80퍼센트가 없어진 상태였다.[21] 이 지역은 원래 다양한 종의 서식지였지만,[22] 저지대의 경엽수림은 농업을 위해 벌채됐다. 처음엔 목화 재배를 위해, 그 이후는 산업적인 소나무의 재배를 위해서이다. 그 결과, 미시시피의 상징이었던 흑곰은 활기넘치던 루스벨트 대통령의 사냥감이었다. 지나친 재배와 사냥의 결과, 미시시피 흑곰 등의 종들은 사실상 멸종에 가까운 상황이 되었다.[23] 결국, 미시시피에서 흑곰이 태어난 것이 알려진 것은 1979년이 마지막이었다. 그렇다 하더라도 1984년이 돼서야 흑곰은 멸종 위기

---

21 James A. Allen, "Reforestation of Bottomland Hardwoods and the Issue of Woody Species Diversity," *Restoration Ecology* 5, no. 2 (June 1997): 125-134. Brad Young, "Black Bears in Mississippi Past and Present," *Wildlife Issues*, Fall/Winter 2004, www.mdwfp.com/media/3306/ms_black_bear_wildlife_issues_2004.pdf와 비교.
22 미국의 도시화의 가장 큰 문제 중 하나는 습지의 파괴이다. 미국야생생물보호청(US Fish and Wildlife Service)은, 최근의 미국 지질학 연구에 따라, 약 58,500에이커의 습지가 매해 파괴된다고 보고한다. 루이지애나주는 지난 8년간 2천 에이커의 습지를 잃었다. Jonathan Hahn, "The Tragedy and Wonder of Louisiana's Wetlands: Photographer Ben Depp Uses a Paraglider to Document a Fading Ecosystem," Sierra Club, www.sierraclub.org/sierra/slideshow/tragedy-and-wonder-louisiana-s-wetlands를 확인하라. 습지는 전 세계 모든 동물의 생명에 중대한 역할을 지니는데 말이다. 이 광범위한 문제에 대한 집중적인 보고는 Audubon Magazine의 2006년 5월 특보, America's River를 확인하라. 이 특보는 미시시피강의 장기적인 남용이 낳는 결과들을 폭로한다.
23 루스벨트 테디는 "맹수 사냥꾼"으로 알려졌다. 그런데도 1902년 11월 14일, 미시시피주 온워드(Onward)에서 누군가가 감금하고 묶어 준 흑곰은 사냥하지 않았다. 정치 풍자 만화가 클리포드 베리먼(Clifford Berryman)이 같은 해 11월 16일 이 사건을 <워싱턴 포스트>에서 캐리커처로 묘사하더니 브루클린의 모리스 믹톰(Morris Michtom)은 이미 사육된 동물을 사냥하는 캔드 헌팅(canned hunting)에 참여하지 않은 대통령을 위해 곰 인형을 만들기로 했다. 이렇게, "테디 베어"와 아이디얼토이컴퍼니(Ideal Toy Company)가 탄생한 것이다("The Story of the Teddy Bear," National Park Service, last updated February 16, 2019, www.nps.gov/thrb/learn/historyculture/storyofteddybear.htm외, 이 전설적인 이야기의 자료를 확인하라).

종족으로 등록됐다.²⁴

어쩌다 이 지경에 이르렀는가?

가장 근본적이고 일차적인 원인은 서식지의 파괴이다. 그러나 사냥으로 상황이 많이 악화하기도 했다. 이 경우, 너무 늦어서야 경보음이 울려졌다. 생명의 길이 보존되지 않았기에 (서식지), 어미와 새끼가 동시에 취해졌기에 (지속 불가능한 사냥 관행), 특정 지역의 특정 종족이 멸종을 맞이하게 됐다. 경연 당일, 운동선수들과 동물 보호 단체들은 주내(州內) 가장 남서쪽의 자치주에서 잉태 가능한 암컷 두 마리를 확인하고 기념했다.²⁵ 이 소식이 이렇게나 희망차게 느껴지는 것은 목격된 흑곰이 암컷이었기 때문이다. 두 마리의 암컷이 있다는 것은 수컷이 올 가능성이 있다는 뜻이다. 그런데도 한때 수천 마리였던 흑곰의 수에 비하면 보잘것없는 숫자이다.

---

24 Stephanie L. Simek et al., "History and Status of the American Black Bear in Mississippi," *Ursus* 23, no. 2 (2012): 159-167.

25 "Range, Movements and Sightings," Mississippi Wildlife, Fisheries, and Parks, www.mdwfp.com/wildlife-hunting/black-bear-program/mississippi-black-bear-ecology/range-movements-and-sightings/. 미시시피 습지 보존 프로그램(Wetland Reserve Program [WRP])과 보존 프로그램(Conservation Reserve Program [CRP])을 확인하라. 이 단체들은 소나무 생산으로 토벌된 수천 에이커가량의 토지를 재조림하여 저지대의 토착종이 회복할 수 있도록, 그리고 이에 따라 서식지를 넓히고 삼각주 인근 지역에 산재하는 서식지들을 연결하게 하기 위해 노력한다. Bonnie A. Coblentz, "Black Bear Numbers Rising in Mississippi," Mississippi State University Extension, July 28, 2005, http://extension.msstate.edu/news/feature-story/2005/black-bear-numbers-rising-mississippi. 이 보고서는 2005년 (엔터지[Entergy], 미시시피주와 루이지애나주 각각의 야생생명보호청, 루이지애나 주립대학교, 그리고 미국야생생명보호청이 발간한) 40년만에 처음으로 새끼 흑곰의 태생을 기록한 "굴 확인"(den check) 보고를 재확인한다(윌킨슨 자치주에 5마리의 건강한 새끼 흑곰과 한 마리의 어미 흑곰이 확인됨[Simek, "History and Status," 159-167]).

곰의 번식 속도가 비교적 느린 바, 회복 속도도 느리고 무서울 정도로 취약할 것이다. 성숙한 곰의 사망은 엄청난 파격을 의미한다. 교통사고, 감전사, 불법 사냥, 실수로 인한 감금 등이 회복을 불가능하게 할 수 있다. 가장 걱정되는 사항은, 모든 생물학자가 말해 주듯이, 먹이 사슬의 최상위 포식자가 제거되면 전 생태계에 파격적인 여파가 몰아올 것이라는 사실이다.

미시시피연합감리목사회 목사들과 나는 이 상징적인 손실을 비탄했다. 근시적인 통치와 상업, 농업의 부당한 승리, 농가의 붕괴, 파괴된 지역 경제 그리고 소외된 목소리들과 근접하게 엮인 이 손실을 말이다. '습지보존피해완화단체'(Wetland Reserve Easement)와 '보존프로그램'(Conservation Reserve Program)이 삼각주를 환원했다는 소식을 격려로 받았다. 파손된 저지대의 경엽수림이 조금이나마 회복할 수 있기를, 조각조각 분리된 서식지가 연결돼 흑곰과 같은 종족들의 이동로가 될 수 있기를 희망하는 것이다.

그러나 제임스 알렌(James Allen)이 기술하듯, 환원 계획 최초로 실행되고 나서 40, 50년 후에도, 현재 풍경은 미시시피가 과거에 지니던 다양성 높은 수림과는 비교될 수 없다. 다른 말로 표현하겠다. 아담('ādām)이 만든 "한 종족의 식물만을 반복적으로 심은 것과 마찬가지인 수림"[26]은 창조주의 훌륭한 설계와 비교될 수 없을 정도로 미흡하다. 수백 년의 방치가 낳은 참사를 정정하는 데 몇십 년보다는 긴 시간이 필요할 것이다.

---

26 Allen, "Reforestation," 130.

여기서 성경으로 돌아가자. 하나님이 우리에게 맡긴 야생 동물은 우리의 것이 아니다. 단순한 일회용품 취급을 해서도 안 된다. '복을 누리고 장수'(신 22:7)하기 위해 착취하고 남용할 것이 아니라 우리에게 주어진 뛰어난 선물, 우월한 축복으로 하나님이 아담('ādām)에게 선사하신 것이다.

3. 논의 의제

1. 하나님은 왜 고대 이스라엘에 거주하는 야생 동물들을 보호하려 했을까?

2. 이스라엘 주변에 비슷한 보호 관행을 따른 나라가 있었나?

3. 당신의 나라, 주, 도시, 근방의 야생 동물을 보호할 가치가 있다고 생각하는가?

4. 야생 동물과 그 서식지를 보호할 가치가 있다고 생각한다면, 사생활에서 이 가치를 기반해 어떤 행동을 할 수 있을까?

5. 당신의 교회가 야생 동물의 보호를 위해 움직이는 것이 당신의 사회 공동체에 어떤 영향이 있을까?

5

환경 테러리즘

우리가 모든 것을 삼키려는 파괴자에 맞서 우리의 목숨을 지키는 한, 필경 전쟁은 있는 법이오. 하지만 나는 찬란한 칼을 그 날카로움 때문에, 화살을 그 날램 때문에, 또 전사를 그의 영광 때문에 사랑하진 않소. 난 오직 그것들이 지키는 것[을] 사랑하오.¹

- 존 로널드 루엘 톨킨(J. R. R. Tolkien), 『반지의 제왕 2: 두 개의 탑』에서 파라미르의 말

1. 성경은 이렇게 말한다

단기 생산량의 이름에 토지의 장기 비옥함을 희생하기 좋은 시기가 있다면 그것은 전쟁 도중일 것이다. 투트모세 3세의 시대, 가나안에서의 전쟁에서든, 제1차 세계대전 전쟁국 사이에 무인 지대(no man's land)가 벌려진 때이든, 베트남 랜치 핸드 작전(Operation Ranch Hand)이 수행됐을 때이든, 어느 시대에서도 위의 명

---

1 J. R. R. 톨킨 지음, 『반지의 제왕: 두 개의 탑』, 김보원, 김번, 이미애 옮김 (서울: 북이십일), 469.

제에 동의할 것이다. 그런데 신명기 20:19는 극히 평범하게 느껴지는 이 명제에 반대되는 법규를 찾을 수 있다.

> 너희가 어떤 성읍을 오랫동안 에워싸고 그 성읍을 쳐서 점령하려 할 때에도 도끼를 둘러 그 곳의 나무를 찍어내지 말라 이는 너희가 먹을 것이 될 것임이니 찍지 말라 들의 수목이 사람이냐 너희가 어찌 그것을 에워싸겠느냐(신 20:19).

이 구절에 대한 시대를 걸쳐 여러 해석이 있다. 그러나 그 어느 해석이든, 성경 저자가 어떤 이유로든 간에 침략 전쟁에 의한 피해를 줄이고픈 의도가 있었음은 인정한다(왕하 3:19와 비교하라). 신명기 22:6-7도 그렇듯이, 이 법은 전체를 대표하는 일부(*pars pro toto*) 또는 추상적인 개념을 구체적 예시로 표현하는 지혜 문학의 매체(*analogia*)를 말한다.[2] 재언이지만, 두 문구는 생존의 길의 보존을 중심으로, 즉 지속 가능성을 중심적인 원칙으로 한다.[3]

이스라엘에서 침략 전쟁의 잠재적 피해 양은 이스라엘 지역 토종의 과목과 견과가 열리는 나무의 나열로 그리고 그 나무들이 고대 히브리의 경제에 얼마나 중대한 역할을 했는지에 대한 설명으로 강조된다. 오데 보로프스키(Oded Borowski)는 나열된 식물 종에 무화과, 올리브 나무, 대추나무, 시카모어(sycamore, [*Ficus sycamorus*]), 살구나무, 캐

---

[2] Jacob Wright, "Warfare and Wanton Destruction," *Journal of Biblical Literature* 127, no. 3 (2008): 453. Richard Nelson, *Deuteronomy*, Old Testament Library (Louisville, KY: Westminster John Knox, 2002), 268과 비교하라.

[3] Nelson, *Deuteronomy*, 337.

럽(carob) 나무를 추가했다.

아몬드 나무, 피스타치오 나무, 호두나무 그리고 성경에서 사용되는 이름으로는 정체를 감별하기 어려운 다수의 종을 추가했다.[4] 이 모든 나무의 발달 동향은 비슷했다. 성숙해지면 몇 세대를 걸쳐 식품을 생산하지만 성숙해져서야 열매를 생산하기 시작한다.

그럼 이런 나무들이 성숙해지는 데에 얼마의 시간이 걸리는가?

중요한 올리브나무는 꽃을 피우는 데 5-6년이 걸리고 완전히 열매를 맺기 시작하기에는 20년이 걸린다. 그렇다 하더라도 올리브나무는 격년으로만 열매를 맺는다. 하버드 소속 유명한 고고학자 로렌스 스테이저(Lawrence Stager)는 "사람들은 흔히 올리브 마당은 자신을 위해서가 아니라 자신의 손주를 위해 심는 것이라 말한다"[5]라고 언급했다.

마찬가지로, 아시리아 학자 스티븐 콜(Steven Cole)은 장기 보관이 가능하고 고칼로리식으로 귀하게 여겨지는 대추나무 암컷이 "첫 열매를 맺을 때까지 20년이 걸릴 수 있다"[6]라고 보고한다. 모든 이스라엘인의 꿈은 "단에서부터 브엘세바에 이르기까지 각기 포도나무 아래와 무화과나무 아래에서 평안히" 사는 것이기에 이 나무들이 성

---

4   Oded Borowski, *Agriculture in Iron Age Israel* (Boston: American Schools of Oriental Research, 2002), 100-133.

5   Philip J. King and Lawrence E. Stager, *Life in Biblical Israel* (Louisville, KY: Westminster John Knox, 2001), 96.

6   Richter, "Environmental Law in Deuteronomy: One Lens on a Biblical Theology of Creation Care," *Bulletin for Biblical Research* 20 (2010): 342-344; S. Parpola and R. M. Whiting (ed.), *Assyria 1995: Proceedings of the 10th Anniversary Symposium of the Neo-Assyrian Text Corpus Project Helsinki, September 7-11, 1995* (Helsinki: The Neo-Assyrian Text Corpus Project, 1997) 중 Steven W. Cole, "The Destruction of Orchards in Assyrian Warfare"와 비교하라.

숙해지는 기간은 중요했고 전쟁 때문에 수년을 걸친 경작의 중단은 매우 무서웠다(왕상 4:25; 왕하 18:31과 비교하라.)

음식을 생산하는 나무들의 장기적인 가치를 생각하면 신아시리아 군의 전력의 기본이 침략당하는 지역의 포도밭과 과수원을 파괴하는 사실이었다는 사실은 놀랍지 않다(신아시리아 제국의 자세한 설명은 제4장에서 확인하라). 이와 같은 환경 테러리즘의 제1 목적은 상대에게 겁을 먹이는 것이었다. 겁으로 도시의 항복을 유도하는 데 성공했다면 아시리아 제국은 전쟁에 요구되는 자원을 활용하지 않고도 원하는 포상을 얻어 내는 것에 성공하는 것이 됐다.

위협만으로 원하는 결과를 취득하지 못했다면 최종 목표는 수십 년이 지나도 회복하기 어려울 정도로 침략당하는 지역의 경제적 기반을 파괴하는 것이었다. 침략의 성공과는 무관하게 말이다. 이런 전략을 통해 다수의 반란을 통제할 수 있었다. 왕실의 기록들은 신아시리아 제국이 전시의 이런 전략을 글과 그림을 통해 초반부터 반복적으로 전달했음을 명확히 명시한다.[7] 사르곤 2세는 국고성(store city)인 우르살(Ursal)을 침략한 건을 자랑한다.

> 의기양양하게 진입했다. … 과일과 포도주로 넘쳐나는 그의 도시의 장식품인 아름다운 정원에 … 무너져 내려왔다. … 그의 궁궐의 장식

---

7   Jeremy Smoak, "Building Houses and Planting Vineyards: The Early Inner-Biblical Discourse on an Ancient Israelite Wartime Curse," *Journal of Biblical Literature* 127, no. 1 (2008): 19-35, Wright, "Warfare and Wanton Destruction," 그리고 Cole, "Destruction of Orchards," 29-40과 비교하라.

품인 그의 거대한 나무들은 수수인 듯이 잘라냈다. … 내가 자른 나무의 몸통은 전부 한 무더기로 모아 태웠다.[8]

살만에셀 3세는 수후(Suhu)시(市)를 침략한 건에 대해 "우리는 수후의 영토의 집들을 공격하러 간다. 그의 도시들을 점령할 것이다. 그들의 과목을 잘라낼 것이다"[9]라고 선언한다. 콜 스티븐은 이런 비슷한 글과 화상 자료들의 백과사전과도 같은 모음집을 제공한다. 그의 자료집은 위에 기술한 군사 전략이 아시리아의 전술의 주된 요소였음을 보여 준다.[10] 이 전략은 B.C. 2세기 바빌로니아, 히타이트족 그리고 특히 이집트가 사용한, 즉 아시리아 제국이 창안하지는 않은 전략이다.[11]

하자엘(Hazel)왕의 필리스타인(Philistine)의 도시인 가드(Gath, 텔 에스-사피[Tel es-Safi])의 침략의 기록을 보면 이와 같은 환경 테러리즘은 아람족의 시대까지 계속됐다는 것을 보여 준다. 나아가, 사피에서의

---

8   Smoak, "Building Houses," 22. Daniel David Luckenbill (ed.), *Ancient Records of Assyria and Babylonia* (Chichago: University of Chicago Press, 1926-1927; repr., New York: Greenwood, 1968), 2:87, text 161과 비교하라.

9   Smoak, "Building Houses," 21. Grant Frame (ed.), *Rulers of Babylonia from the Second Dynasty of Isin to the End of Assyrian Domination (1157–612 BC)*, The Royal Inscriptions of Mesopotamia, Babylonian Periods 2 (Toronto: University of Toronto Press, 1995), 295, "아시리아군이 딜바트(Dilbat)의 침략에서 대추나무를 자르는 것을."

10   Cole, "Destruction of Orchads," 29-40.

11   Michael Hasel, *Military Practice and Polemic: Israel's Laws of Warfare in Near Eastern Perspective* (Berrien Springs, MI: Andrews University Press, 2005), 102-113. *Journal of Biblical Literature* 125, no. 3 (2006), 577에서 라이트 제이콥의 논평을 확인하라.

발굴물은 침략 전쟁으로 끼쳐진 영구적이고도 환경 파괴적인 피해의 규모를 가슴 아프도록 잘 보여 준다.[12]

그림 7. 세나케리브(sennacherib)의 군인들이 남메소포타미아의
한 마을 외곽의 대추나무를 자르는 모습

이에 따라 우리는 적의 생명 기반 체계를 회복 불가능 상태로 만들기 위한 과수원과 올리브 정원의 체계적인 파괴가 이스라엘이 약속된 땅에 거주하기 이전에도, 그 이후에도 근동 지역에서 흔한 전략이었음을 알 수 있다. 그런데도 신명기는 이를 금한다.

신명기의 법은 어떻게 정당화될 수 있는가?

---

12 Aren M. Maeir, Oren Ackermann and Hendrick J. Bruins, "The Ecological Consequences of a Siege: A Marginal Note on Deuteronomy 20:19-20," Seymour Gitin, J. Edward Wright and J. P Dessel (eds.) *Confronting the Past: Archaeological and Historical Essays on Ancient Israel in Honor of William G. Dever* (Winona Lake, IN: Eisenbrauns, 2006), 239-242. 거대한 침략 도랑과 둔덕이 발굴됐다. 유물의 분석과 방사성 연대 결정도 양 발굴지는 제2A 철기(Iron IIA)의 유적임을 입증했다. 연구에 따라, 텔 에스-사피/가드 부근의 생태계가 과부하되어 인근 지역은 "아마 전부 황량했을 것"을, 나아가 도랑과 같은 침략전의 각종 시설과 부식으로 지역의 지형이 영구히 변했음을 알 수 있다.

마이클 헤이즐(Michael Hasel)의 말을 인용하자면, 이스라엘이 그런 전략을 금하는 것은 "이스라엘을 보조할 자원을 파괴하는 것은 이스라엘의 이익에 반하기 때문이다."[13] 즉, 환경 테러리즘이 전상에서는 즉각적인 결과를 불러올 수 있다 하더라도 자신의, 또는 적의 생명 기반 체계에 가해질 영향에 따라 환경 테러리즘은 자멸적이라 말할 수 있다.

2. 사례 연구: 랜치 핸드 작전

랜치 핸드 작전은 미국에서는 베트남 전쟁이라 불리는 베트남, 동라오스 그리고 캄보디아를 겨냥한 미국의 군사 작전명이다.

1962년과 1971년 사이, 미군은 남베트남 전면의 4분의 1 면적에, 나아가 그 근방에 있는 라오스와 캄보디아 일부에 2천만 갤런의 화학 제초제와 고엽제를 뿌렸다.[14] 작전의 공식적인 목적은 산림지와 농촌 토지를 고사시켜 게릴라군의 숨을 곳을 소멸해 미군과 그 연맹국의 군의 피해를 줄이는 것이었다. 잘 알려지진 않았지만, 또 하나의 목적은 "급도시화의 유도"였다.[15] 즉, 농촌의 농업 종사자들이 도시에 이전할 수

---

13 Hasel, *Military Practice and Polemic*, 35.
14 Geoffrey C. Ward and Ken Burns, *The Vietnam War: An Intimate History* (New York: Knopf, 2017), 158, 406. 베트남 인민 군원인 닌 바오(Bao Ninh)의 전쟁의 참혹 중에서 "거듭해서 나에게 돌아와 내 잠을 방해하는" "다이옥신의 악몽"에 대한 그의 경험담도 확인하라(와드와 번즈, *Vietnam War*, 461-63). "Agent Orange," History, 2011년 8월 2일, https://www.history.com/topics/vietnam-war/agent-orange-1 또한 확인하라.
15 "Agent Orange," Military Wikia, https://military.wikia.org/wiki/Agent_Orange.

그림 8. 남베트남에서 에이전트 오렌지가 분산된 지역이 표시된 지도

밖에 없도록 농업지를 파괴하는 것이다.

북베트남의 군인들이 즉각적인 물자 지원을 중단하고 남쪽의 식량 공급을 절단하기 위해서 말이다. 측정치에 따르면 남베트남에서만 약 2500만 에이커(3만 9천 제곱마일) 농경지가 파괴됐다. 신아시라아의 전략과 유사하게 작전의 타깃이 된 토지는 전쟁 당시에는 물론 몇 세대를 넘겨서도 그 생산력을 잃었다.

어째서인가?

미국에 의해 고엽제가 뿌려진 남베트남의 2만 5천 에이커가량의 토지는 미국환경보호청(US EPA)이 안전하다 고려하는 수치보다 백배의 TCDD(Tetrachlorodibenzo-P-dioxin)로 오염됐기 때문이다.[16]

오늘날까지도(에이전트 오렌지[Agent Orange]가 보관하고 제조되고 항공기에의 분사가 행해진 다낭 군기지) 몇몇 고밀도 오염지의 오염치는 아직

---

16 "Agent Orange."

도 안전치보다 3백, 4백 배에 이른다.[17] 이 작전은 명백히 남베트남 주민들의 "생계를 보존하는 자원을" 파괴하는 작전이었다.[18] 고엽제의 가슴을 긁는 피해 사례 중 하나는 태아기 때 당시 다이옥신에 노출되어 중대한 선천적인 장애를 안고 태어난 베트남의 어린이들이다. 호치민 고밥(Go-Vap) 소재 보육원의 광경은 보기 힘들 정도로 끔찍하다.[19]

베트남 적십자에 따르면 480만 베트남인이 에이전트 오렌지에 노출되어 그중 40만은 이로 인해 사망했다.[20] 나아가 그 480만 중 100만 명은 현재 신체 장애나 암, 선천적 결손증, 피부병, 자가 면역 질환, 간의 질병, 정신병, 신경병, 소화기 질환 등 건강상의 문제를 앓는다.[21] 에이전트 오렌지는 유전 물질조차 파손할 수 있기에 그 여파가 수 세대를 걸쳐서도 지속될 가능성이 있다.

고엽제의 분산을 책임진 젊은 미국 애국자들의 상태는 어떤가?

미국재향군인업무부(US Department of Veteran Affairs)는 파킨슨병, 심장병, 폐암, 후두암, 기도암 그리고 전립선암을 에이전트 오렌지의

---

17 Ben Stocking, "Agent Orange Still Haunts Vietnam, US," Washington Post, 2007년 6월 14일, https://www.washingtonpost.com/wp-dyn/content/article/2007/06/14/AR20070.
18 매우 잘 정리되고 세세히 조사된 이 요약을 확인하라. "Agent Orange," https://en.wikipedia.org/wiki/Agent_Orange.
19 Ash Anand, "Vietnam's Horrific Legacy: The Children of Agent Orange," *News Corp Australia*, May 25, 2015, www.news.com.au/world/asia/vietnams-horrific-legacy-the-children-of-agent-orange/news-story/c008ff36ee3e-840b005405a55e21a3e1.
20 Anand, "Vietnam's Horrific Legacy."
21 Anand, "Vietnam's Horrific Legacy." Stocking, "Agent Orange Still Haunts Vietnam, US"와 비교하라.

"추정적인" 여파로 나열한다.²² 베트남 참전 병사였던 내 아버지는 에이전트 오렌지에 노출이 제한적이었으나 62세에 전립선암으로 돌아가셨다. 유사한 질병들은 미국의 수십 명의 재향 군인의 생활과 수입 능력을 심히 손상했다. 측정 불가한 수준의 정신적인 피해에 가담해 미국재향군인업무부는 약 22억 달러가량의 수당까지 수급했다.²³

경제적인 여파도 있다. 미국의 동맹이었던 남베트남만이 환경 테러리즘에 의해 경제적으로 파멸된 것이 아니다. 1984년 몬산토(Monsanto)와 관련 기업들은 조정을 통해 1억 8천만 달러의 손해 배상금을 내야 했다. 이 손해 배상 금액은 피해자들에게 들어오는 손해 배상금액이 너무나도 적을 것을 이유로 격한 논쟁의 대상이다.²⁴ 조정의 결정대로라면 베트남 전쟁에서 남편을 잃은 과부에게 제안되는 손해 배상액은 3천 4백 달러에 한한다. 의료적 문제가 증명된 참전

---

22 미국재향군인업무부는 파킨슨병, 심장병, 폐암, 후두암, 기도암 그리고 전립선암을 에이전트 오렌지의 "추정적인" 여파로 나열한다("Veterans' Diseases Associated with Agent Orange," US Department of Veterans Affairs, www.publichealth.va.gov/exposures/agentorange/diseases.asp). 이 사안에 대한 가장 최근의 연구는 Edwin Martini, *Agent Orange: History, Science, and the Politics of Uncertainty* (Boston: University of Massachusetts Press, 2012)를 확인하라.

23 "Over $2.2 Billion in Retroactive Agent Orange Benefits Paid to 89,000 Vietnam Veterans and Survivors for Presumptive Conditions," US Department of Veteran's Affairs Office of Public and Intergovernmental Affairs, August 31, 2011, www.va.gov/opa/pressrel/pressrelease.cfm?id=2154와 Kimberly Nicoletti, "The Aftermath of Agent Orange: Local Woman Forms Nonprofit to Aid Affected Children," Vietnam Agent Orange Relief and Responsibility Campaign, January 14, 2006, www.vn-agentorange.org/aspen_20060114.html를 확인하라.

24 Ralph Blumenthalmay, "Veterans Accept $180 Million Pact on Agent Orange," *New York Times*, June 16, 2019, www.nytimes.com/1984/05/08/nyregion/veterans-accept-180-million-pact-on-agent-orange.html.

병사에게 10년을 걸쳐 만 2천 달러가 제안된다. 다른 지원금의 수취를 전부 포기한다면 말이다.[25]

남베트남에 남은, 화학 물질의 밀도가 너무 높아 지금까지도 당국 국민에게 심각한 질병을 안기는 고밀도 오염지에 대해 미국은 이제 45년이 되어 가는 정화 작업에 4천 3백만 달러를 투자했다.[26] 랜치 핸드 작전은 명백히 적군의 처지에서든 아군의 처지에서든 자기 파괴적이었다.

이렇게 우리는 믿음의 선조들의 지혜에 돌아오게 된다. 경제적인 이윤을 위해서든, 국가 방어를 위해서든 토지의 남용은 금해졌다. 이스라엘의 인구는 장기적인 시선을 갖추도록 명령받았다. 올리브 정원이 성숙해지기까지 한 세기가 걸린다는 사실은 긴요한 고려 사항이었다.

하나님의 정부(God's government)에서는 인간의 기업과 침략은 토지의 미래의 비옥함을, 그 토지에서 자리를 잡은 생태계를, 그 생태계에 의존하는 인간을 포기하기에 정당한 변명이 되지 못했다.

---

[25] Fred A. Wilcox, "Toxic Agents: Agent Orange Exposure," in *The Oxford Companion to American Military History*, ed. John Whiteclay Chambers (Oxford: Oxford University Press, 1999), 725. Blumenthalmay, "Veterans Accept $180 Million Pact on Agent Orange."

[26] Wayne Dwernychuk, "Agent Orange and Dioxin Hot Spots in Vietnam," Persistent Organic Pollutants Toolkit, www.popstoolkit.com/about/articles/aodioxin-hotspotsvietnam.aspx.

3. 논의 의제

1. 이스라엘의 경우, 하나님은 왜 환경 테러리즘을 금했을까?

2. 이스라엘 부근의 국가 중 환경 테러리즘을 행한 국가가 있었는가?

3. 이스라엘이 환경 테러리즘을 허용하지 않았다는 사실이 이웃 나라 사이에서 그들의 안전을 위협했는가?

4. 이런 고대 히브리의 법규를 일상에서 어떻게 적용하여 사회에 참여할 수 있을까?

5. 당신의 돌봄을 받는 이들에게 어떤 조언을 할 수 있을까?

6

과부와 고아

선행을 배우며 정의를 구하며 학대받는 자를 도와주며 고아를 위하여 신원하며 과부를 위하여 변호하라 하셨느니라(사 1:17).

하나님 아버지 앞에서 정결하고 더러움이 없는 경건은 곧 고아와 과부를 그 환난 중에 돌보고 또 자기를 지켜 세속에 물들지 아니하는 그것이니라 (약 1:27).

성경이 소외된 이들의 편임은 틀림없다. 제1장에서 얘기했듯이 창조를 위한 하나님의 청사진은 절대 부족이 없도록 인간('ādām)이 이 지구별의 엄청난 자원을 관리하고 활용하는 것이었다. 오염이 발전의 필요조건이 아니고, 멸종이 확장의 필요조건이 아니었다. 그렇다면 강자의 특권이 약자의 박탈을 요구하지 않는다는 것은 하나님의 뜻임이 분명하다.

여호와 하나님의 세계는 기아, 노숙, 학대, 기근, 집단 학살, 또는 난민 캠프가 없는 세계이다. 그러나 우리의 타락은 세계에 이 모든 것에 자리를 마련해 줬다. 하나님의 장대한 구원 계획의 최종적 목적은 이런 문제들을 해결하는 것이다.

내 전작인 『에덴의 서사시』(*Epic of Eden*)를 읽었거나 공부한 적이 있다면 최종적 구원의 여정에 있어서 모세 언약이 중요한 발전이었다는 사실을 알 것이다. (아브라함을 통해 확인된) 하나님의 백성들은 기꺼이 하나님의 거주지(가나안)에서 안식을 취하며 하나님과 함께 거주할 수 있을 것이다(장막).

이스라엘의 건국이 구원의 최종 목적은 아니지만(이를 이루는 데에는 새 하늘과 새 땅이 필요할 것이다[계 21:1]) 이스라엘이 그 토지와 맺는 관계는 인류와 땅의 관계에 관한 하나님의 의도를 보여 주는 모델의 역할을 한다. 이스라엘은 자신의 토지와 수확물이 결국엔 여호와의 소유물임을 이해했기에 토지의 제자도로서 역할 중 하나는 소외된 이들의 필수적인 요구와 필요가 해결되도록 토지에서 수확된 열매를 나누어 주는 것이었다. 즉, 농부는 그의 수확물 일부를 과부와 고아와 "국내 체류 외국인"을 위해 농지에 남겨 두는 것을 하나님의 계명으로 받았다.[1]

1. 과부와 고아는 누구였는가?

고대 히브리 사회는 현대의 도시화한 서양 세계에서의 삶과 매우 다르다. 현대적이고 도시화한 서양의 사회는 "관료주의적"이라 표현

---

[1] "국내 체류 외국인"이란 히브리어로는 *gēr*라 말하며 "이민자"나 "난민"의 의미를 갖는다.

될 수 있다면, 이스라엘의 사회는 전통적이었고, 조금 더 자세히 말하자면 "부족적"이었다.[2] 『에덴의 서사시』에서 명시했듯이 부족 사회에서 가족이 공동체의 축이고 개인은 특정한 가족의 구성원으로서 사회의 경제적이고 법적인 구조에 연결된다. 이스라엘은 가부장제의 부족 사회였던 터, 각 가정을 사회에 연결한 핵심 인물은 가족의 최연장 남성이었다. 가장은 가족의 경제적 복리를 책임지고 가정 내의 법을 규정했으며 빈곤, 죽음, 또는 전쟁으로 소외된 직계 가족 이외의 가족 구성원들을 책임졌다.

당연한 말이지만, 이는 국가가 경제적 기회를 마련하고 법을 제정하며 어려운 사람을 돕는 관료제 사회와는 다르다.[3] 고대 이스라엘은 사회적 안전망도 주거 지원 정책도 없었으며 경찰도, 수양(收養) 제도도, 공공 병원도, 보육원도 없었다. 이스라엘과 그 부근의 사회에서는 가족이 소외된 이들을 보살폈다. 나아가, 다른 가족원을 보살필 어느 한 가족원의 책임은 각 가족원 간 혈연의 근접함에 따라 결정됐다. 즉, 친족의 촌수가 적으면 적을수록 법적 그리고 경제적 책임은 늘어나는 것이었다.

---

2 이스라엘의 부족 사회와 성경에서 이를 다룬 사례들에 관한 집중적인 연구는 Sandra L. Richter, *The Epic of Eden: A Christian Entry into the Old Testament* (Downers Grove, IL: IVP Academic, 2008), 21-46을 확인하고 이를 마셜 D. 사린즈(Marshall D. Sahlins)의 고전인 *Tribesmen* (Englewood Cliffs, NJ: Prentice Hall, 1968)과 막스 베버(Max Weber), "Bureaucracy" and "Patriarchalism and Patrimonialism," in *Economy and Society: An Outline of Interpretive Sociology*, ed. Guenther Roth and Claus Wittich (Berkeley: University of California Press, 1978), 2:956-1069, 그리고 Chieftains of the Highlan Clans: A History of Israel in the 12th and 11th Centuries B.C. (Grand Rapids: Eerdmans, 2005) 중 이스라엘의 사회 구조에 대한 로버트 D. 밀러(Robert D. Miller)의 연구 결과인 "Complex Chiefdom Model," 6-28과 비교하라.

3 Richter, *Epic of Eden*, 25-38을 확인하라.

그림 9. 고대 히브리의 부족 사회

이스라엘 특유의 가부장적 부족 사회는 가장으로부터 초래해 "점진적으로 포괄적인 무리들로 구성됐다."[4] 그림 9에서 묘사됐듯이, 이런 무리는 "가부장의 가정"에서부터 부족 또는 "혈통"으로,[5] 그 이후

---

4   Sahlins, *Tribesmen*, 15. Miller, *Chieftains of the Highland Clans*, 6-28과 비교하라.
5   씨족이라는 용어가 친숙하겠지만 사린즈는 (*Tribesmen*, 15) 이 단위의 사회 공동체는 마을 단위로 집합된 "지역적 혈통"(local lineages)으로 표현하는 것이 명확하다고 말한다. Carol Meyers(Leo G. Perdue et al., *Families in Ancient Israel*, The Family, Religion, and Culture [Louisville, KY: Westminster John Knox, 1997] 중 "The Family in Early Israel")는 "교거(交居) 친족 무리"(residential kinship groups)라는 표현을 선택한다.

에는 씨족, 그리고 최종적으로는 국가로 확장된다.⁶ 가정의 기본 단위가 "가부장의 가정"인바(히브리어 *bet ʾāb*), 고대 이스라엘에서 "가족"을 의미하는 단어의 어원도 가장의 구심점을 강조한다.

이런 가정은 가장과 그의 아내(들), 결혼한 그의 아들들과 그의 아내들, 결혼하지 않은 아이들 그리고 손자들을 포함했다. "이스라엘 가족의 고고학"은 고대 히브리의 가부장 가정(*bet ʾāb*)이 3세기를, 그리고 15-20명까지 포함할 수 있다고 말한다.⁷

남자가 결혼하면 이는 자가에 머물고 여자가 결혼하면 남편의 가부장 가정(*bet ʾāb*)에 합류했다. 그 결과, 여성의 위치와 부족적 소속은 새로운 가족의 부족으로 변경됐고 그 자손은 새로운 가정의 소유물이 (그리고 상속자가) 됐다. 리브가가 밧단 아람(현대의 시리아)을 나서 가나안에서 이삭과 함께하는 것은(창 24장), 라헬과 레아 또한 밧단 아람을 나서 야곱을 가나안으로 따라가는 것도(창 31장) 이 때문이다.

이런 "가부장의 가정"은 가족 단위로 동거했으며 상속받은 땅(유산)에서 농사해 재산과 운명을 공유했다.⁸ 행동을 규제하는 법규는

---

6 Lawrence E. Stager, "Archaeology of the Family in Ancient Israel," *Bulletin of the American Schools of Oriental Research* 260 (1985): 20-22. 이런 사회 구조는 구약성경 전반에서 확인할 수 있으나 여호수아가 부족, 씨족, 가정, 개인 단위를 따라 아이 전투(battle of ai)에서 금지령을 어긴 이를 찾은 여호수아 7:14-15에서 특히 잘 드러난다(Stager, "Archaeology of the Family in Ancient Israel," 22.) 이것은 Philip J. King and Lawrence E. Stager, *Life in Biblical Israel* [Louisville, KY: Westminster John Knox, 2001], 36-38과 비교하라.

7 King and Stager, *Life in Biblical Israel*, 39-40.

8 마이어스는 이런 가족 구성이 "부부 양자와 그 자손 전원의 노동력 없이는 생존이 어려울 정도로 요구되는 노동량이 많을 경우" 발생할 가능성이 있다고 말한다("Family in Early Israel," 18).

가족 전반을 걸쳐 규정됐고 빈곤하고 버려진 이들을 위한 지원도 가족 전반을 걸쳐 이해됐다. 즉, 가부장의 가정(bet 'āb)이 없던 이들은—과부는, 고아는, "국내 체류 외국인"은—사회의 일반적인 보호와 보조를 받지 못했다.[9]

욥은 우리에게 과부와 고아의 운명에 대한 가슴 아픈 설명을 제공한다.

> 밭에서 남의 꼴을 베며 악인이 남겨둔 포도를 따며 의복이 없어 벗은 몸으로 밤을 지내며 추위도 덮을 것이 없으며 산중에서 만난 소나기에 젖으며 가릴 것이 없어 바위를 안고 있느니라 어떤 사람은 고아를 어머니의 품에서 빼앗으며 가난한 자의 옷을 볼모 잡으므로 그들이 옷이 없어 벌거벗고 다니며 곡식 이삭을 나르나 굶주리고(욥 24:6-10).

변호인이 없는 터, 과부는 빚을 청산하기 위해 아이를 자기 "품에서 빼앗길" 수 있을 것이다. 나아가 이들을 돌볼 가정 없이 고아는 돌아갈 집도 없이 추위에 떨며 맨몸으로 방황할 수 있을 것이다. 그러므로 욥기 31장에서 그를 공격한 이들의 반론으로 욥은 그의 인품에 대한 증명으로 과부와 고아를 돌봤음이 분명하다.

> 내가 언제 가난한 자의 소원을 막았거나 과부의 눈으로 하여금 실망하게 했던가 나만 혼자 내 떡 덩이를 먹고 고아에게 그 조각을 먹이지 아니했던가 실상은 내가

---

9 이스라엘의 부족 사회와 성경에서 이를 다룬 사례들에 대한 집중적인 연구는 Richter, *The Epic of Eden*, 21-46을 확인하라.

> 젊었을 때부터 고아 기르기를 그의 아비처럼 했으며 내가 어렸을 때부터 과부를 인도했노라 만일 내가 사람이 의복이 없이 죽어가는 것이나 가난한 자가 덮을 것이 없는 것을 못본 체 했다면, 만일 나의 양털로 그의 몸을 따뜻하게 입혀서 그의 허리가 나를 위하여 복을 빌게 하지 아니했다면 만일 나를 도와주는 자가 성문에 있음을 보고 내가 주먹을 들어 고아를 향해 휘둘렀다면 내 팔이 어깨뼈에서 떨어지고 내 팔뼈가 그 자리에서 부스러지기를 바라노라(욥 31:16-22).

욥이라는 갑부는 친족의 복리에 신경 썼을 뿐 아니라 불우한 이들과도 자신의 재물을 나눴음이 명백하다. 욥의 인품을 보증하는 것은 가정 이외의 이들을 향한 수치화 가능한, 즉 확인 가능한 기부이다.

이스라엘의 부족 사회가 부계적인 성격을 띤 바, 즉 조상의 계통이 남성을 중심으로 한 바, 여성의 정체성과 그의 사회의 경제적, 시민적 구조로의 연결 고리는 항상 그의 삶을 동반하는 남성을 통했다. 여성은 최초에는 아버지의 딸, 이후에는 남편의 아내, 그러고는 아들의 어머니였다. 씨족의 자산과 보호는 이 사회에서 상속권의 특권을 누린 그의 가족의 남성 가원을 통해 여성에게 도달했다.

그래서 여성에게 결혼과 출산이 필수적이었던 것이었다. 아이를 낳기 전에 남편을 잃은 여성은 큰 위기를 맞이했다. 아버지나 남편, 또는 아들이 없는 여성은 극빈했다. 자신을 돌볼 친족이 한 명도 남지 않은 불우한 아이를 가리키는 고아의 상황은 더욱이나 위급했다. 이런 사실들을 고려하여 고대 히브리 사회는 과부와 고아의 보호를 위한 몇 가지 법규들이 있었다.

역연혼 법(levirate law)을 고려하라. 신명기 25:5-10에서 찾을 수 있는 이 법은 젊은 과부를 보호했고 사망한 남편의 상속물이 제 상속자에게 전달될 것을 보증했다. 역연혼을 의미하는 *levirate*의 어근 *levir*의 라틴 어원은 "형제"를 의미하며, 역연혼 법(levirate law)은 어느 남성이 자손이나 후손이 없는 과부를 남긴 채 사망했을 경우 그 남성 형제들의 행동을 규정하는 법이다.

가부장의 가정(*bet 'āb*)이 한 명 이상의 아들을 포함했을 경우, 젊은 남편의 이른 사망은 그 형제가 죽은 남편의 아내와 결혼해야 할 것을 의미했다. 법률의 목적은 죽은 이의 남성 계승자를 낳고 젊은 과부를 가족의 보호 아래 두는 것이었다.

그러므로, 역연혼 관계의 부부가 낳는 첫 남성 후예는 돌아간 남편의 자손으로, 그 이후에 출생한 아이들은 그 형제의 자손으로 인지됐다. 법의 의도는 과부를 빈곤으로부터 보호하는 것과 사망한 남편의 상속물을 보호하는 것이었다.

창세기 38장 유다, 타마르, 엘, 오난 그리고 셀라의 이야기가 보여주듯이, 이스라엘의 사람들은 어느 형제가 이런 의무를 이행하지 못하는 것은 물론, 과부를 빈곤히 남기는 것은 더욱이 중대한 방신으로 생각했다. 신명기에서 지시됐듯이 형제의 과부를 책임지지 못하는 형제는 공동체에 의해 망신당했을 것이다.

> 형제들이 함께 사는데 그중 하나가 죽고 아들이 없거든 그 죽은 자의 아내는 나가서 타인에게 시집가지 말 것이요 그의 남편의 형제가 그에게로 들어가서 그를 맞이하여 아내로 삼아 그의 남편의 형제 된 의무를 그에게 다 행할 것이요 그 여인

> 이 낳은 첫 아들이 그 죽은 형제의 이름을 잇게 하여 그 이름이 이스라엘 중에서 끊어지지 않게 할 것이니라 그러나 그 사람이 만일 그 형제의 아내 맞이하기를 즐겨하지 아니하면 그 형제의 아내는 그 성문으로 장로들에게로 나아가서 말하기를 내 남편의 형제가 그의 형제의 이름을 이스라엘 중에 잇기를 싫어하여 남편의 형제 된 의무를 내게 행하지 아니하나이다 할 것이요 그 성읍 장로들은 그를 불러다가 말할 것이며 그가 이미 정한 뜻대로 말하기를 내가 그 여자를 맞이하기를 즐겨하지 아니하노라 하면 그의 형제의 아내가 장로들 앞에서 그에게 나아가서 그의 발에서 신을 벗기고 그의 얼굴에 침을 뱉으며 이르기를 그의 형제의 집을 세우기를 즐겨 아니하는 자에게는 이같이 할 것이라 하고 이스라엘 중에서 그의 이름을 신 벗김 받은 자의 집이라 부를 것이니라(신 25:5-10).

이런 체계는 현대 서양 사회에 사는 사람들에게는 매우 이상하게 보이겠지만 효과는 있었다. 죽은 형제의 재산은 법적인 후손에게 제대로 세습됐고 젊은 과부는 돌아간 남편의 가부장 가정(bet ʾāb)의 보호를 받을 수 있었다. 그 결과, 과부의 의식주는 해결됐고 노년인 그를 돌봐줄 후손도 확보됐다.[10]

룻기는 당 시대 소외된 과부와 고아의 생활 환경을 보여 준다. 이 이야기를 시작하며, 엘리멜렉이 베들레헴에서 세속받은 땅에서 간신히 살아남은 일반적인 소작농임을 알게 된다.[11] 룻 시대를 연구한 고고

---

10 King and Stager, *Life in Biblical Israel*, 53-57을 확인하라.
11 Meyers, "The Family in Early Israel," 3. Oded Borowski, *Daily Life in Biblical Times*, Archaeology and Biblical Studies 5 (Atlanta: Society of Biblical Literature, 2003), 13-42와 David C. Hopkins, "Life on the Land: The Subsistence Struggles of Early Israel," *Biblical Archaeologist* 50 (1987): 178-191과 비교하라.

학의 결과에 따르면 엘리멜렉은 아마 건지 농법(비를 활용한 농업[rain-fed agriculture])을 활용했고 곡물과 포도, 그리고 올리브를 재배하며 육류, 유제품 그리고 직물을 위한 작은 떼를 관리했다.

베들레헴은 방어벽이 없는 대신 가정 주택이 내부의 농지를 보호하도록 위치해 있었던 작은 마을이었다.[12] 그러나 이스라엘에서 흔히 일어나듯이 가뭄이 있었다. 나아가, 가뭄은 기근을 낳았다. 엘리멜렉은 유산을 포기하고 아내와 자식을 데리고 모압(Moab)의 강을 건널 수밖에 없었다.

모압인들은 이스라엘에게는 악명 높은 "타인"(other, 우리가 좋아하지 않는 사람들[13])이었으나 계획은 성공적이었다. 가족은 토지를 확보하고 10년 동안 생활하며 지역민의 믿음을 얻어 자식들을 위해 두 번의 결혼까지 준비할 수 있었다.

그러나 룻기 1:5 이전에 재앙을 맞이하게 된다. 엘리멜렉이 죽고 나오미의 두 자식도 같은 운명을 맞이하게 된다. 가부장적인 부족 사회에서 이 가족은 가족이 아니게 된 것과 같은 상황을 맞이한 것이다. 세 명의 여성은 심각한 곤경에 빠졌다. 젊은 과부와 결혼할 남성은 가정에 남지 않았다.

---

12 Avraham Faust, "Cities, Villages, and Farmsteads: The Landscape of Leviticus 25.29-31," 106, in J. David Schloen (ed.), *Exploring the Longue Durée: Essays in Honor of Lawrence E. Stager* (Winona Lake, IN: Eisenbrauns, 2009). "Bethlehem," NEAEHL 1:203-8과 비교하라.

13 이 고전을 자세히 알고 싶다면 seedbed.com에서 *Epic of Eden: Ruth* DVD 커리큘럼을 확인하라.

나오미는 엘리멜렉의 유산과 그 씨족의 보호를 받기에는 너무나도 먼 타지에 있다. 법적으로 그들을 도울 친족은 단 한 명도 없다. 결국, 나오미는 두 며느리를 부양할 방법이 없어 이들에게 본가로 돌아갈 것을 당부한다(룻 1:8). 과부 중의 과부인 나오미는 대가족의 보호를 받을 희망으로 베들레헴에 돌아간다.

나오미는 두 며느리를 향한 친모의 사랑이 부족한 재산적 여력과 법의 현실을 넘어서 그들이 모압의 남성과 재혼할 수 있음을 기대한 것이다(룻 1:11-13). 룻의 훌륭함은 그 어느 법적인, 또는 사회적인 규범을 넘어서는 그의 시어머니를 향한 의지에서 볼 수 있다. 룻기 1:16-18에서 룻은 친족 관계를 표현하는 모든 표현을 총동원해 그의 이야기를 들어줄 그 어느 사람에게도 나오미의 곁을 벗어나지 않을 것을 공표한다.

그들 생계의 기반이 (남편들과 룻의 시아버지) 무너졌음에도 불구하고 룻은 자신에게 부과될 모든 책임과 권리를 이해한 채 나오미가 자신의 친족임을 선언한다. 당대 이스라엘 사람들이 이 이야기에서 가장 궁금했을 점은 이 과부들이 도대체 어떻게 안전한 곳을 찾아 생존할 것인가 하는 것이었다.

이 질문에 대한 해답은 또 다른 주역인 보아스의 정직성을 통해 주어진다. (한 명은 고아라고도 정의될 수 있을) 과부들에 대한 그의 전념은 성경의 근본이 된다. 보아스는 국외자를 환영하고 민족적이자 사회경제적인 차이를 무시하며 보아스 본인보다 혈연이 강한, 나오미와 룻을 도와줘야 했을 사람이 있음에도 불구하고 나서서 이들을 구한다.

보아스는 룻과 나오미가 겪는 역경을 해결하고 땅을 매입하고 자신의 가족 내 룻과 나오미를 위한 자리를 마련하고 죽은 남편의 이름으로 아이를 길러 자손의 세습을 확보했으며 예수의 아버지인 다윗의 아버지인 이새의 조부가 된다(룻 4:16-22; 마 1:1). 룻과 보아스는 나오미의 복리에 대한 헌신을 통해 자신들이 탁월하고 강인함(ḥayil) 사람임을 인증한다(룻 2:1; 3:11; 4:11).

정리하자면, 이스라엘에서 가부장의 가정(bet 'āb)로부터 소외된 사람은 심각한 상황을 겪기 마련이며 이스라엘의 법은 누군가의 죽음으로 과부나 고아가 나타나지 않도록 가부장의 가정(bet 'āb)의 보호에 큰 힘을 쏟았다. 가장의 보호를 벗어나는 사람이 한 명도 없는 사회가 이상이었다.[14] 최악에는 의무적인 기부가 있었다.

제3장에서 배웠듯이, 고대 히브리 민족 시대 중 히브리인의 대부분은 캐롤 마이어스(Carol Meyers)가 "소작 가족 농장"(small-holder family farms)이라 부른 곳에서 살았다. 이는 이스라엘 철기 시대(Iron Age Israel)의 일반적인 민중은 엘리멜렉과 같은 자급자족 농민이었음을 뜻한다.[15]

---

[14] 더 자세한 이야기는 다음을 참조하라. Christopher J. H. Wright, *God's People in God's Land: Family, Land, and Property in the Old Testament* (Grand Rapids: Eerdmans, 1990); Meyers, "Family in Early Israel," 19-21; Joseph Blenkinsopp, "The Family in First Temple Israel," in Perdue et al., *Families in Ancient Israel*, 54-56; Borowski, *Daily Life*, 26-27에서 확인하라.

[15] Meyers, "Family in Early Israel"; David C. Hopkins, *The Highlands of Canaan: Agricultural Life in the Early Iron Age*, Social World of Biblical Antiquity 3 (Decatur, GA: Almond, 1985); Hopkins, "Life on the Land," 178-191; Aharon Sasson, *Animal Husbandry in Ancient Israel: A Zooarchaeological Perspective on Livestock Exploitation, Herd Management and Economic Strategies* (London: Equinox, 2010), 60-61과 119-122.

이미 다뤘듯이 이스라엘의 경제는 유목과 집중적이고 영구적이며 다분화된 농업이 중심이었다. 생산량이 많은 해에도 평균의 가부장 가정(*bet ʾāb*)은 60일가량 이상의 식량이 부족했다. 성실한 가장에게 얹힌 압박을 상상하기 쉽다. 음식을 먹이고 옷을 입힐 사람이 20에서 25명이었고, 건지 농업의 작업 환경은 극심했으며, 가뭄, 질병 그리고 전쟁의 위험은 항시 존재했다. 한 번이라도 수확이 예상보다 적으면 가족의 안정은 위협됐다. 이런 상황에서도 이스라엘의 헌법과 법은(신명기) 급진적이게 제자도를 요구한다.

> 네가 밭에서 곡식을 벨 때에 그 한 뭇을 밭에 잊어버렸거든[16] 다시 가서 가져오지 말고 나그네와 고아와 과부를 위하여 남겨 두라 그리하면 네 하나님 여호와께서 네 손으로 하는 모든 일에 복을 내리시리라(신 24:19; 레 19:9; 23:22와 비교).

이미 살펴보았듯이, 곡물(밀과 보리)은 이스라엘의 국내 식량의 기근이었고 고대 히브리의 농부가 자손과 가축의 생존 지탱 수단이었다. 경제가 발전하면서 곡물은 국제 무역에 중대한 역할을 하게 됐다.[17] 그런데도 이스라엘의 자급자족 농부는 이렇게 중요한, 생계의 기반이 되는 품목을 포기하라 명령받는다. 올리브 정원에 대해서도 비슷한 규제가 적용된다.

---

16 Oded Borowski(*Agriculture in Iron Age Israel* [Boston: American Schools of Oriental Research, 2002], 60)는 'ōmer라는 이 용어를 밀의 줄기나 다발, 또는 아직 단으로 묶여지지 않은 보리 단으로 해석한다.

17 철기 이스라엘의 경제 발전에 대한 포괄적인 연구를 위해서는 Richter, "Question of Provenance"를 확인하라.

> 네가 네 감람나무를 떤 후에 그 가지를 다시 살피지 말고 그 남은 것은 객과 고아와 과부를 위하여 남겨 두며(신 24:20; 레 23:22와 비교).

곡물과도 같이 올리브는 고대 이스라엘의 경제에 근본적인 제품이었다. 올리브유는 국내 경제에는 물론 가나안 지역의 핵심적인, 어찌 보면 수익 작물이었던 수출품이었다(삼상 8:14 NIV; 왕상 5:11[NAB 왕상 5:25]; 호 12:12; 대상 27:28을 확인하라). 로렌스 스테이저가 말하듯이 "올리브유 생산은 주요 산업으로서 지역의 경제적 복리의 큰 부분을 책임졌다. 과잉은 이집트, 페니키아에 수출됐고 그리스까지 수출됐을 수 있다."[18]

포도 재배는 이스라엘의 내수와 무역의 제3 구성 요소이다. 가나안은 포도주가 유명했고 (지금도 유명하며) 이 지역의 포도 생산은 초기 청동기부터 왕성했다.[19] 투트모세 3세의 카르낙식물원(Karnak botanical garden)에는 가나안에서 이집트로 수입된 포도 덩굴을 포함했을 정도로 유명했다.

---

18 필리스타인의 에크론(Philistine Ekron)에서의 발굴물에 100대 이상의 올리브 압축기가 포함돼 있고 "고고학자들은 에크론이 주로 수출을 위해 매해 천 톤의 기름을 생산했다고 추측한다"(King and Stager, *Life in Biblical Isreal*, 96). 신아시리아의 패권주 아래, 에크론은 유다 내 두 번째로 큰 도시로 자랐으며 "지역 소비량보다 몇 배를 넘어서는 기름 생산량을 달성한 전근대 중동 최대의 생산지"였다(Roger S. Nam, *Portrayals of Economic Exchange in the Book of Kings*, Biblical Interpretation Series 112 [Leiden: Brill, 2012], 129).

19 King and Stager, *Life in Biblical Israel*, 98을 확인하라.

이는 가나안의 특산물을 그들의 세계로 흡수하려는 이집트인들의 시도였다.[20] 그런데도 신명기는 포도밭 곳곳에 떨어진 것들은 (히브리어 'ōlēlôt) 빈곤한 이들에게 나눌 것을 명령한다. 나아가 레위기는 이 법률을 더욱 명확히 하여 작은 송이들조차(히브리어 peret) 남겨질 것을 명령한다.[21]

> 네가 네 포도원의 포도를 딴 후에 그 남은 것을 다시 따지 말고 객과 고아와 과부를 위하여 남겨 두라 너는 애굽 땅에서 종 되었던 것을 기억하라 이러므로 내가 네게 이 일을 행하라 명령하노라(신 24:21-22; 레 19:10; 23:22와 비교).

결국, 신명기의 법규는 이스라엘의 농업에 (그리고 결과적으로 생존에) 중심적인 세 개의 작물을 언급하여 소작농이 자신의 작물을 완전히 수확하지 말 것을 명령한다. 일반적인 농가의 생계 사정을 고려하면, 이런 요구는 결코 작은 요구가 아니다.[22]

현대의 우리는 이런 법규에서 어떤 원리를 도출해 갈 수 있는가?

하나님은 과부와 고아와 "국내 체류 외국인"이 살아갈 수 있도록 토지의 생산물이 나눠질 것을 명령했고 명령한다. 즉, 경제적 안정성과 과잉에 대한 요구는 항시 기부를 요구하는 하나님의 명령에 따라

---

20 Borowski, *Agriculture in Iron Age Isreal*, 102-14. Shalom M. Paul and William G. Dever, *Biblical Archaeology* (New York: Quadrangle & New York Times, 1974), fig. 77와 비교하라.
21 Borowski, *Agriculture in Iron Age Israel*, 110을 확인하라.
22 Meyers, "Family in Early Israel," 3; Borowski, *Daily Life*, 13-42와 Hopkins, "Lifeon the Land"와 비교하라.

누그러져야 한다. 경제적 타당성도 욕망을 정당화하지 못했다. 정리하자면 고대 히브리의 시민은 토지가 자신이 아니라 하나님의 소유물임을 지시받았고 하나님은 소외된 이들도 그 토지의 수확물의 혜택을 누리기를 원했다.

2. 우리는 뭐라 말할 것인가?

대다수가 파악하지 못하는 사실은 환경 파괴의 제1 피해자가 소외된 이들이라는 것이다. 지속 가능한 토지 관리에 실패한 사회 중 가장 큰 타격을 입을 것은 자급자족 농민과 가난한 이들이다.

듀크신학교(Duke Divinity School) 소속 신학, 환경학, 및 전원생활 연구 교수 노르만 위르즈바(Norman Wirzba)가 말하듯, 역사는 단기적인 생각이 비옥한 땅을 황폐화하여 당대 지역 문명의 멸망을 가져온 경우가 다수하다.[23]

위에 논의했듯, 휴경하지 않아 몰락한 메소포타미아의 이야기는 구약성경학 중 가장 유명한 이야기이다(제2장 중 "성경은 이렇게 말한다"를 확인).[24] 이 주제에 대한 비교적 현대적인 연구는 웬델 베리

---

23 Norman Wirzba, "The Grace of Good Food and the Call to Good Farming," *Review and Expositor* 108 (Winter 2011): 61-71. Wirzba, *The Paradise of God: Renewing Religion in an Ecological Age* (New York: Oxford University Press, 2003)와 비교하라.

24 Thorkild Jacobsen and Robert M. Adams, "Salt and Silt in Ancient Mesopotamian Agriculture," *Science* 128 (1958): 1251-1258. Marvin A. Powell), "Salt, Seed, and Yields in Sumerian Agriculture: A Critique of the Theory of Progressive Saliniza-

(Wendel Berry)의 고전과도 같은 저서 『소농, 문명의 뿌리』(*The Unsettling of America: Culture and Agriculture*, 1977)가 있다. 데이비드 몽고메리(David Montgomery)의 『흙: 문명의 침식』(*Dirt: The Erosion of Civilization*, 2007)은 우리에게 같은 주제를 다룬 날카로운 분석을 제공한다.

두 책은 토지의 착취, 유기, 재착취를 반복하는 너무나도 인간다운 순환을 다룬다.[25] 그러나 현재로서 "문제는 더 착취할 땅이 없다는 것이다. 경계선은 한정됐다. 우리를 맞이하는 질문은 우리가 지금 있는 곳에서 어떻게 지속할 수 있게 살아갈 수 있는지, 미래 세대의 자급력을 지장을 주지 않으면서 식량을 생산할 수 있는지다."[26]

맥시코 오악사카주와 아이티 포르토프랭스시가 입증하듯이 침식되고 건조한 농경지는 빈곤, 기아, 집단 이주를 의미한다.[27]

토지의 착취는 농업에 한정된 것이 아니다. 사막화의 근거는 많고, (사막화로 빈곤을 맞이하게 된 사회적 약자들에게 권능을 부여하는 국제 기독 단체인 의미있는식물심기[Plant With Purpose]의 전무) 스코트 세이빈(Scott Sabin)과 같은 사람들은 근시적인 환경 남용과 난민 인구의 관계에 대한 대중의 인식을 높이기 위해 인생을 바친 사람들도 있다.[28] "생태

---

tion," *Zeitschrift für Assyriologie und Vorderasiatische Archäologie* 75 (1985): 7-38과 비교하라.

25　Wendell Berry, *The Unsettling of America: Culture and Agriculture*, 3rd ed. (San Francisco: Sierra Club Books, 1996); David R. Montgomery, *Dirt: The Erosion of Civilizations* (Berkeley: University of California Press, 2007).

26　Wirzba, "Grace of Good Food," 63.

27　Scott Sabin, "Environmental Emigration: The World on Our Doorstep," *Creation Care* 37 (Fall 2008): 37-38.

28　"Scott Sabin", Plant with Purpose, https://plantwithpurpose.org/our_team/scott-sabin.

계와 생물의 다양성의 경제학"(The Economics of Ecosystems and Biodiversity, TEEB) 보고서[29] 작가 파반 수크데브(Pavan Sukhdev)는 다음과 같이 말한다.

> 빈곤과 생물의 다양성 퇴화는 불가분하게 연결돼 있다. 생태계와 생물의 다양성의 실한 수혜자는 대개 가난한 이들이다. 생태계의 파괴와 생물의 다양성 퇴화로 가장 큰 영향을 받을 업종은 자급자족 농업, 목축업, 어업 그리고 임업, 즉 세계의 빈민이 의존하는 업계들이다.[30]

상기 보고서에서 수크데브는 빈민의 생계 기반인 "생태계의 서비스"가 대부분 공공재라 한다. 그러나 이런 서비스를 위한 공식적인 시장이 있는 것도, 가격이 있는 것도 아닌 터, 이런 서비스는 "흔히 우리에게 주어지는 경제적인 나침반으로는 보이지 않는다."[31]

그러므로 확장하는 산업이나 인구나 변화하는 식단이나 도시화 또는 환경 변화로 인한 압박이 건강하고 다양성 높은 생태계를 위협할 무렵, 타격을 가장 먼저 받는 것은 빈민의 복리이다. 아무도 자연의 체계를 소유하지 않기 때문에, 이런 손해들은 그 어느 사람의 재무

---

29 "생태계와 생물의 다양성의 경제학" 보고서(TEEB)는 2008년 5월, 독일 본에서 열린 아홉 번째 생물 다양성 협약 당사국 총회 (ninth meeting of the Conference of the Parties to the Convention on Biological Diversity) (CBD COP-9) 중 고위급 회의 내 중간 보고로 발표됐다.

30 Pavan Sukhdev, "The Economics of Ecosystems and Biodiversity—TEEB," EurekAlert!, May 29, 2008, www.eurekalert.org/pub_releases/2008-05/haogteo052908.php.

31 Sukhdev, "The Economics of Ecosystems and Biodiversity."

제표나 경제표에 드러나지 않으며 소외된 이들이 겪는 환경의 퇴화로 인한 역경은 무형의 상태를 유지하게 된다.[32]

아이티공화국이 그 예이다. 수십 년을 걸친 지속 불가능한 농업 관행과 비효율적인 목탄 생산은 과부와 고아의 고충의 원인이 된 충격적인 사막화를 초래했다.[33] 아이티와 도미니카공화국의 국경의 항공 촬영 자료를 보면 흙길을 중간에 둬 한쪽에는 무성한 우림을 (도미니카공화국) 한쪽에는 황폐해진 풍경을 (아이티) 확인할 수 있다.

인당 연평균 임금이 400달러를 넘지 못하며[34] 지구상 최악의 도시 230곳에 속한 수도를 갖은 아이티에서의 생활 여권은 어렵다는 표현이 부족하다.[35] 나아가 가난한 이들에게는 견딜 수 없는 처지이다. 카프아이시앵 부근 엠마우스대학 총장 매튜 에어즈(Matthew Ayers)는 아

---

32 Sukhdev, "The Economics of Ecosystems and Biodiversity."
33 Nathan McClintock이 설명하듯, 유럽인들이 1730년 아이티에 커피를 수입했을 당시 숲은 토벌됐고 단일 재배 농업이 시작됐다. 커피와 인디고, 담배와 사탕수수의 재배는 토지의 자원을 고갈시키고 침식을 유발했다(Nathan C. McClintock, "Agroforestry and Sustainable Resource Conservation in Haiti: A Case Study," 2003, http://works.bepress.com/nathan_mcclintock/14/); John Dale Zach Lea, "Charcoal Is Not the Cause of Haiti's Deforestation," *Haiti Liberte*, January 25, 2017, https://haitiliberte.com/charcoal-is-not-the-cause-of-haitis-deforestation/또한 확인하라.
34 "Poverty," GlobalSecurity.org, www.globalsecurity.org/military/world/haiti/poverty.htm.
35 2016년 '머서 삶의 질 조사'(Mercer Quality of Living Survey 2016). 머서는 39개의 지표를 근거로 조사를 시행한다. 이 지표에는 정치, 경제, 환경, 치안, 보건, 교육, 수송, 그 외 공무적 요인들이 포함돼 있다. Lianna Brinded, "The 29 Cities with the Worst Quality of Life in the World," *Business Insider*, March 1, 2016, www.businessinsider.com/mercers-quality-of-living-index-worst-cities-2016-3을 확인하라.

이티를 위해 수십 년 활약했다.[36]

매튜는 지역 주민이 매일 넘겨야 하는 어려움에 관해, 또 엠마우스 대학을 지키기 위해 그와 그의 직원들이 극복해야 했던 역경들에 대해 할 말이 분수에 넘쳤다. 에어즈는 지방의 사막화로 인한 강제 도시화와 시내 인구의 급증이 아이티의 기반 시설에 무리를 가하고 있다고 말한다.

이로 인해 사회적 약자는 강가와 해변 근처, 즉 시내 가장 탐탁지 않은 지역으로 몰려난다. 인구 과잉을 겪는 아이티의 수변에 거주하는 것은 사막화로 늘어난 "갑작스래 나타나는 홍수나 산사태가 흔하고 대개 치명적"이기 때문에 위험하다.[37]

이런 배경에 개방된 하수로와 정수(靜水)를 통하는 질병 (가령 말라리아) 또한 고려하면 환경의 쇠퇴와 과부와 고아의 고난의 연결 고리가 명확해진다. 아이티에서 사막화는 강제 도시화를, 강제 도시화는 빈민 중의 빈민의 고통 혹은 피해자화를 의미한다.

월드벤처(World Venture) 소속 마다가스카르발 선교사인 닐 칼스트롬(Neal Carlstrom)과 다니엘 칼스트롬(Danielle Carlstrom)은 한때 마다가스카르섬을 축복한 풍성한 숲과 비옥한 수로에 대해 비슷한 이야기를 전수한다. 마다가스카르의 식물과 동물 중 9할은 풍토적이다. 참으로 기이하고 독특하다는 뜻이다.

---

36 엠마우스대학 웹페이지와 학교 이념을 확인하라. https://emmaus.edu.ht.
37 매튜 에어즈, 엠마우스 대학 총장, 카프아이시앵, 아이티 (개인적 대화, 2019년 3월 5일). 추가적으로 "Capital Facts for Port-au-Prince, Haiti," World's Capital Cities, www.worldscapitalcities.com/capital-facts-for-port-au-prince-haiti/를 확인하라.

이 섬에는 화려한 자원이 있다. 그러나 착취가 마다가스카르를 85퍼센트 사막화된 상태로 만들었다.

이해하기 어려운 수치이다.

사막화의 결과는 무엇인가?

건조한 표토, 광범위한 침식, 흐름이 막힌 강, 숨 막혀 죽은 해양 생물과 산호초가 그것이다. 에덴동산과도 같았던 붉은 섬 마다가스카르는 세계에서 가장 가난한 섬 중 10개에 속해 있고 마다가스카르 사람들은 굶주리고 있다.

닐은 "극심한 빈곤의 경우, 절망, 부패, 악은 사회 전 계층에서 볼 수 있지만 가장 많이 고통받는 이들은, 낙오인들, 장애인들, 과부들, 고아들, 약자들, 교육받지 못한 이들, 고용 하인들, 목소리가 없는 이들은 항상 가장 덜 그렇다"라고 말한다.[38] 닐은 그래서 가정 덜 그러는 사람들이 자신만의 초소 기업을 시작할 수 있도록, 그들에게 풍토종의 나무를 성공적으로 심고 기르는 방법을 가르쳐 시간을 보낸다.

마다가스카르 사람들을 상상하기 힘든 정도의 빈곤에서 부양하며 그들에게 권능을 부여하는 아름답고 통합된 기업이다.

> 사랑할 때, 사람들에게 권능을 부여하고 빈민 중 가장 가난한 이에게 땅과 삶을 재건할 방법을, 희망과 안전성과 미래를 찾을 방법을 가르쳐라.[39]

---

38 닐 칼스트롬(Neal Carlstrom), 월드 벤처 선교사—마다가스카르 (개인적 대화, 2019년 3월 5일).
39 닐 칼스트롬, 개인적 대화.

다니엘은 조산사이다. 그는 마다가스카르 여성 10명 중 한 명이 출산으로 죽어가고 있다고 말한다. 이 터무니없는 수치는 대개 영양실조가 원인이라고 보고한다.

땅의 쇠퇴로 인해 우리가 돌보는 여성 중 많은 이가 영양실조에 시달린다. 이는 출산 시 대출혈과 조산의 가능성을, 즉, 아이가 건강하게 자라나는 데 필요로 하는 최소한의 의료품이 준비하지 않은 상태에서 태어날 가능성이 증가한다. 비옥함을 잃은 토지를 갖은 농가는 아이들을 학교로 보내는 것에는 물론, 음식을 구하는 데조차 큰 어려움을 느낀다. 결국, 악순환은 계속되고 상황은 점차 악화한다.[40]

그렇기에 다니엘은 아이들이 삶의 기회를 얻을 수 있도록, 이곳의 여성들에게 자기 관리를, 남성들에게는 농장과 수로를 복원하는 방법을 가르쳐 암흑과 절망이 덮힌 나라에 삶과 희망이 돌아올 수 있도록 노력하고 있다.

정리하자면 아이티와 마다가스카르에서의 환경 쇠퇴는 가장 가난한 이들에게 가장 극심한 타격을 안겼다. 부유한 이들은 섬의 죽음으로 이득을 보거나 그 죽음으로부터 보호받지만, 지방 농부와 과부, 고아는 짓밟혀진 것이다.

---

40 칼스트롬 다니엘, 월드 벤처 선교사—마다가스카르 (개인적 대화, 2019년 3월 5일).

3. 사례 연구: 산꼭대기 제거식 석탄 채굴

과부와 고아의 이익을 보장하는 지속 가능한 토지의 활용은 어떤가? MTR-VF 석탄 채굴을 알아보자. 산꼭대기 제거란(mountaintop removal [MTR]) 산 깊숙이에 있는 석탄에 닿을 수 있도록 대량의 폭발물을 활용해 타깃 현장을 완전히 토벌한 후 평평하도록 깎는 비교적 최신 채굴 방법이다. 골짜기를 메우기 위한 필요성은 (valley fill [VF]) 산꼭대기 제거 작업에서 만들어진 "폐석"(overburden)을 제거하는 데에서 시작한다.

그림 10. 드래그라인 굴착기

이 작업을 했을 때 비옥한 산 생태계를 구성했던 잔재를 (식물, 표토, 암석, 등) 폐석이라 하고, 이는 부근의 골짜기에 버려진다. 미국 내 석탄 발굴업이 그렇듯이 이런 MTR-VF라는 착취의 대상이 되는 지역들은 웨스트버지니아, 동부 켄터키, 동남부 테네시, 그리고 서부 버지니아의 일부분이다. 미국의 석탄 광업의 역사는 길고 고되지만, MTR-VF는 토지와 광업자, 그리고 그가 속해 있는 공동체의 착취를 완전히 새로운 차원으로 올렸다.

MTR에서는 그나마 남아 있는 미국 내의 석탄층에 접근하기 위해 수백만 파운드의 폭발물이 사용된다. 폭파 자체는 지표면 천 피트 아래까지 달한다. 폭파 후, 석탄과 잔해물은 굴착 인양기라 불리는 흙을 옮기는 기계들을 통해 수집된다(그림 10). 폐석을 옮기는 데 사용되는 "드래그라인"의 높이는 22층 건물과 같고 그 무게는 일반적으로 8천 톤 정도이며 그 버킷은 24대의 소형 승용차를 들을 수 있을 정도의 부피를 가졌다.[41]

미국 내에서 가장 큰 "빅 머스키"(Big Muskie)는 동남부 오하이오의 광부기념공원(Miner's Memorial Park)에서 전시된다. "빅 머스키"는 만

---

41 "What Is Mountaintop Removal Coal Mining?," iLoveMountains.org, http://ilovemountains.org/resources. 세계의 다른 지역에서는 무시무시한 버킷 굴착기가 이용된다. 그중 가장 큰 것으로 알려진 굴착기는 카자흐스탄의 에키바스투즈(Ekibastuz) 근처 보가티르 광산(Bogatyr Mine)에서 사용되고 있으며 그 무게는 4만 5천 톤, 블레이드만 4층 건물과 같은 지름을 가졌다(Julian Robinson, "You Have to See This Saw!," *Daily Mail*, January 28, 2015, www.dailymail.co.uk/news/article-2929726/You-saw-Incredible-45-000-ton-machine-4-500-tons-coal-blade-size-four-storey-building.html).

2천 톤의 무게를 자랑했고 근래 최대의 버킷을 장착했다.[42]

석탄층에 도달하기 위해 파낸 폐석은 주변의 골짜기에 버려졌다. 에릭 리스(Erik Reece)은 1985년과 2001년 사이 애팔래치아 중서부 골짜기 메우기 6천 7백 건이 허락됐음을 보고했다. 이는 7백 마일가량의 계곡을 완전히 묻고 추가로 수천 개의 계곡을 손상한 원인이다.[43] 최근의 자료에 따르면 MTR-VF로 2000마일의 수로가 미국에서 오염되거나 박멸됐다.

이 피해 양을 복구할 수 있는가?

2010년에 독립적으로 시행된 생물학자들과 지질학자들의 협동 연구는 "현재의 보완책은 광업으로 파괴된 계곡 서식지와 그 기능을 보정하는 것을 목적으로 하나, 광업으로 인한 수질 악화는 보완책이나 생태계의 개정으로는 예방되지도 정정되지도 못한다."[44]

1985년과 2015년 사이, 애팔래치아산맥 중 1100마일이 폭발물과 각종 광업 장비로 부서졌다. 그러나 아이러니하게도 MTR-VF는 30년 전의 석탄 발굴률에 비해 3분의 1의 발굴률밖에 터득하지 못한

---

42 "빅 머스키는 세계에서 가장 큰 드래그라인이었고 공학계의 칠대 불가사의 중 하나였습니다! 심지어 히스토리 채널에서 소개됐습니다. 버킷 자체의 무게는 46만 파운드였고, 가득히 채워졌을 때는 거기에 추가로 64만 파운드를 감당했습니다. 부피는 차 12대 용량의 주차장과 같았습니다. 그런 물체를 움직이고 효율적으로 운반하기 위해서 빅 머스키가 어떤 기계여야 했을지 상상이 가십니까?" Noble County Ohio, www.noblecountyohio.com/muskie.html. 빅 머스키에 관한 <위키백과> 기사도 참고하라 https://en.wikipedia.org/wiki/Big_Muskie.

43 Erik Reece, "Mountaintop-Removal Mining Is Devastating Appalachia, but Residents Are Fighting Back," *Grist*, February 17, 2006, www.grist.org/news/maindish/2006/02/16/reece.htm.

44 M. A. Palmer et al., "Mountaintop Mining Consequences," *Science* 327, no. 5962 (2010): 148-149, https://science.sciencemag.org/content/327/5962/148.

다.⁴⁵ 즉, MTR-VF가 적용하는 극도로 파괴적인 관행들은 체감(遞減)한다는 뜻이다.

MTR에 의해 심대한 파괴를 경험한 지역의 사람들은 이것은 "달의 표면"과 같이 파괴되었다. 한때 무성한 숲이 자랐던 곳에 이제는 아무것도 자라지 않는 것이다(그림 11). 즉, MTR은 "생태학적 과정에 필수적인 생태계에 영구적인 피해를" 남기고 그것이 수로와 땅에 남기는 영향은 "만연하고 역전 불가하다."⁴⁶

이로 인해 지역 주민들의 생활은 다음과 같이 변했다. 애팔래치아의 목소리(Appalacian Voices)라는 운동가 단체는 이 쟁점에 시선을 끌기 위해 계속해서 일한다. 그러나 MTR-VF가 시행되는 지역이 미국 내 가장 가난한 지역인 동부 켄터키와 웨스트버지니아주이기 때문에 그들의 말을 들어주는 사람은 적다.

지역 주민들은 일자리를 원하기에 자신들을 착취하는 산업을 지지하는 경우가 많다. 몇 명은 저항하지만, 이들은 땅을 팔도록 압박 또는 위협받거나 앞마당에 폭탄이 계속해서 터지는 위험을 무릅써야 한다. 지하수는 오염됐고 주택들은 파손됐으며 사람들의 호흡 기관은 MTR-VF가 내뿜는 다량의 잔해물로 가득하다.⁴⁷

---

45 James Bruggers, "Mountaintop Mining Is Destroying More Land for Less Coal, Study Finds," *Inside Climate News*, July 26, 2018, https://insideclimatenews.org/news/25072018/appalachia-mountaintop-removal-coal-strip-mining-satellite-maps-environmental-impacts-data.

46 Palmer et al., "Mountaintop Mining Consequences," 148-149.

47 MTR-VF 석탄 채굴에 관한 자료는 아니지만 Howard Berkes et al., "An Epidemic Is Killing Thousands of Coal Miners. Regulators Could Have Stopped It," *All Things Considered*, December 18, 2018, www.npr.org/2018/12/18/675253856/an-epi-

그림 11. 달과 같은 표면

이런 현상을 보여 주는 예시가 웨스트버지니아주에 있는 한 공동체인 롤(Rawl)의 이야기이다. 카멜리타 브라운(Carmelita Brown)과 어니 브라운(Ernie Brown)은 그들의 결혼생활을 주 내 최대의 석탄 기업이었던 매시 에너지(Massey Energy)가 운영하는 산꼭대기 제거식 석탄 채광지의 바로 아래에 있는 매력적인 벽돌집에서 지냈다.[48]

---

demic-is-killing-thousands-of-coal-miners-regulators-could-have-stopped-it을 확인하라.

[48] 2011년 6월 11일, 알파 자원(Alpha Natural Resources)의 주주들이 매시 에너지를 71억 달러에 매입하도록 결정했다. 매시 에너지가 수질 오염 방지법을 어긴 법적 자료가 몇 년 분이 있는 데도 말이다. 많은 사람은 매시 에너지의 경영자들이 법적인 제재를 회피하기 위해 회사의 매각을 계획했고 알파에서 새로운 경영직을 확보했다고 생각했다(Clifford Kraus, "Shareholders Approve Massey Energy Sale to Alpha," *New York Times*, June 11, 2011, www.nytimes.com/2011/06/02/

어니는 그의 할아버지와 아버지처럼 석탄 광부였다. 그와 카멜리타와 그들의 지역 공동체는 그들의 생계가 석탄 산업에 의존한다는 것을 이해했고 그 현실을 받아들이기로 했다. 본인들을 포함한 지역 주민들이 병을 앓기 시작하기 전까지 말이다. 롤의 주민들은 진단 불가한 질병, 발진, 암, 신장 결석 등을 앓기 시작했다. 마침내 어니와 카멜리타의 수도꼭지에서 나오는 물에서 황의 냄새가 나기 시작했고 갈색으로 변색했다. 그렇기에 그곳 주민들은 설거지와 세탁에 사용되는 물에 표백제를 첨가해 문제를 해결하려 했다.

그때 당시 사람들이 이해하지 못한 사실은, 관련 증거나 문서가 증명하듯이, 이 모든 것이 산꼭대기 제거식 석탄 채굴의 결과였다는 것이다. 지역 공동체가 물을 긷는 원천이, 지하수면이 오염된 것이다. 비소, 망간, 납, 바륨, 셀렌, 알루미늄, 이외의 독소들이 지하수면으로 그리고 결과적으로 식수로 들어가게 된 것이다.[49]

수 내 독소의 원천은 브라운 가(家) 바로 위의 산꼭대기 제거식 채굴지로 밝혀졌다.[50] 대중 매체와 외부 단체들의 도움으로 롤은 그들의 싸움을 대중에게 알렸다. 12년을 걸친 법적 분쟁이 지나 지역의 오래된 우물들을 수도 체계로 교체됐다.

---

business/02coal.html).

49 앞팔라치아를위한연맹(Alliance for Appalachia), *Mountaintop Removal Facts*, booklet, End Mountaintop Removal Lobby Week, March 2009. "PBS Moyers on America, Is God Green 2006 TVRip SoS," <YouTube>, 2016년 12월 31일 등록, www.youtube.com/watch?v=jwMsDVVahTA.

50 Palmer et al., "Mountaintop Mining Consequences," 148-149에서 보고된 독소들과 일치한 목록이다.

즉각적인 문제는 이렇게 해결됐으나 지하수는 어떻게 되는가?
지역의 개울과 어류와 야생 동물들은 어떻게 되는가?
되돌려지지 않는 영향을 남긴 질병은 어떻고, 동류의 채굴 관행으로 오염될 미래의 지역들은 어떻게 되는가?

특정 지역의 주민들에 대해 채굴 산업이 갖는 영향에 관한 매우 가슴이 아픈 이야기 하나가 있다. 이 이야기는 버지니아주 애팔래치아 산맥에서 산꼭대기 제거식 채굴지와 관련이 있다. 2004년 8월 20일 꼭두새벽, 은밀히 물자 공급로를 넓히려는 의도로 어느 불도저가 반 톤의 무게의 암석을 산 아래로 밀쳐 넘어뜨렸다.

"포탄과도 같이 데니스 데이비드슨(Dennis Davidson)과 신디 데이비드슨(Cindy Davidson)의 주택을 향해 날아가, 3살의 제러미가 자던 침대 위로 떨어졌다.[51] 7살 재커리가 자는 침대 앞에 멈췄지만 3살짜리 제레미는 수면 중 압사당했다."

MTR-VF가 지역 지형을 과하게 변경한 터, 애팔래치아 지역 전반에서는 항시 갑작스러운 홍수와 석탄 폐수 저수지(coal impoundment)의 파열의 위험이 있다. (이번에도 매시 에너지 소유였던) 이런 저수지가 2000년 10월 11일, 켄터키의 마틴 자치주(Martin County)에서 파열됐을 당시 3억 갤런의 오염수가 오하이오강과 빅샌디강 및 그 지류에

---

51 Carol Morello, "Child's Death by Mine Boulder Sets Off Avalanche of Rage," *Chicag Tribune*, January 5, 2005, www.chicagotribune.com/news/ct-xpm-2005-01-09-0501090359-story.html. Tim Thornton, "Family of Boy Killed by Boulder Sues," *Roanoke Times Daily Press*, July 6, 2006, www.dailypress.com/news/dp-xpm-20060706-2006-07-06-0607060311-story.html과 비교하라.

투기(投棄)됐다. 엑손발데즈 호 유출 사태보다 30배 수준의 이 사태는 하류 70마일까지에 있는 사실상 모든 수생 생물을 죽였다.

미국환경보호국은 이 사태를 미시시피 동쪽에 일어난 최악의 환경 재앙으로 표현했다. 근데 나는 이 책을 쓰기 이전에 이 사실을 전혀 몰랐다. 2000년 10월 11일에 나는 중앙 켄터키에 거주했었다. 그런데도 신문 기사 한 개를 못 봤다. 이 사건에 관한 기사를 본 사람조차 지금까지 만나지 못했다.

어째서인가?

이 이유는 아마 내가 웨스트버지니아, 선다이얼 소재 '마르슈포크 초등학교'(Marsh Fork Elementary school)의 아이들에 관한 얘기를, 매시 에너지 소유 슈메이트 폐수 저수지(Shumate impoundment) 4백 야드 아래에서 7년 동안 독해와 작문, 산수를 배운 이 아이들의 얘기를 듣지 못한 이유가 같은 이유일 것이다.

슈메이트 저수지에는 28억 갤런의 폐수가 저장되어 있다. 마틴 자치주의 저수지 파열 사태가 보여 줬듯이, 이런 보수 "연못"들은 실패할 가능성이 크다. 그래서 실패에 대비해 저수지가 파열될 경우, 확성기로써 학교가 6피트 깊이의 오염수로 휩싸이기 전에 마르슈포크초등학교의 230명의 학생이 5분 안에 피난할 수 있도록 경보를 울리는 것이 계획이었다. 7년의 항의가 지나 드디어 매시 에너지가 움직였다.

저수지에서 3마일 떨어진 곳에 새로운 학교를 지었다. 학교는 2012년 12월에 완공됐고, 이로써 생활의 전 부분에서 재원 부족을 견디는 지역 주민들은 만족했다. 아이들을 위해 위험하지 않은 곳에 새로운 학교가 지어졌다.

그러나 이걸로 만족해도 되는가?

MTR-VF의 이론적 기저는 당연히 이윤이다. 데이비드슨 케이스와 관련해 어떻게 거주 지역 근방에 노천 채광이 허용됐는지를 묻자 기관 대변인인 마이크 애보트(Mike Abbott)는 "연방법과 주법이 이를 허용하기 때문에"라고 대답했다. 미국에서 채굴되는 석탄 중 3분의 1이 애팰라치아 산맥에서 발굴되는 터, 나아가 미국인이 사용하는 전력 중 절반에 헤아리는 에너지양이 석탄으로 생산되는 터, 석탄이란 이 "값싼" 에너지원은 많은 사람에게 대량의 돈을 벌어 주거나 그 자금량을 절감해 준다.

그러나 신명기의 법에 따르면, 신념의 공동체의 중심적인 결정 요인이 "저렴함"이거나 "편리함"인 것이 마땅한가?

우리가 반드시 제시해야 하는 질문은 다음과같다.

즉, 교회는 이 모든 사안에 대해 어떻게 행동할 것인가?

자칭 "기독교인들과 교회들이 하나님의 세상에서 양립할 수 있도록, 지속할 수 있도록, 감사하며 행복하게 살아갈 천부적인 책임을 인정할 것을 요구하는 단체"인 '산을 위한 기독교인들'(Christians for the Mountains) 소속 앨런 존슨(Allen Johnson)은 필사적으로 변화를 일으키려 한다.[52]

2015년 가을, 휘튼대학의 동료였던 페이지 크리스튼과 나는 스카이프를 통해 앨런을 우리 강의에 초대했다. 학생들은 준비 상태에서 대화에 적극적으로 임하려 했다. 이들도 우리가 그랬듯이 일견하면

---

52 산을위한기독교인들의 홈페이지에 접속하라. www.christiansforthemountains.org/.

학대적이고 야만스러운 애팔래치아산맥의 착취에 대한 문제점이 어디에 있는지 궁금해 했다.

매우 흥미로운 대화가 끝난 후, (훌륭하고 적극적이고 이상주의적인) 휘튼대학의 학생 중 한 명은 지구와 소외된 이들을 위해 지역 교회는 어떤 행동을 하는지 질문했다. 앨런은 멈칫했다. 그리고 대화 주제를 바꿨다. 어떻게 보면 학생의 대화 주제를 피했다 할 수 있다. 앨런을 진실한 남성인 것으로 알고 있었던 나는 매우 놀랐다. 다음날 이 편지를 받기 전까지 말이다.

샌드라에게

10월 12일, 어제 스카이프로 나눴던 교수님 과목 청강생들과의 대화를 생각해 봅니다. 특히, 한 학생이 했던 질문과 외부 기자들 등 이외의 중요한 질문들에 대해 많이 고민했습니다.

이 질문자들의 요지는 일반적으로 "산꼭대기 제거식 채굴에 대해 지역 교회의 회중은 어떤 행동을 했습니까?" 였습니다.

이 질문은 나를 당혹하게 만드는 질문입니다. 왜냐하면, 단도직입적으로 이 질문에 대한 답을 하자면 "아무것도 하지 않는다"이기 때문입니다. 부끄럽잖습니까. 그런 질문을 받으면 저는 흔히 "예외의 경우"를 소개하지만 이런 경우들은 말 그대로 예외이고 그의 절대적인 수는 적습니다. 그리고 나서는 회중이 왜 회중을 분립시키고, 목사를 해고하고, 재정적 지원을 절감하고, 회원들의 타 교회로의 이동을 유발할 위험이 있는 논란 많은 사안에 대해 교회들이 얘기를 꺼내지 않는지에 대해 경각심을 가지고 분석해 봅니다.

'산을위한기독교인들'이 2005년 5월의 한 주말에 구축됐을 때, 몇몇 기독교인을 데리고 우리에게 "공중의 섬"에서 산꼭대기 제거식 채굴지를 보여 주겠다고 한 래리 깁슨(Larry Gibson)을 만나러 케이퍼드산(Kayford mountain)을 올라탔습니다.[53] 점심 즈음에 만나겠다 약속하고 어정거리고 꾸물거리며 산을 타다 보니 채굴지에의 도착 시간은 오후 1:30이었습니다.

저희는 모임 이후 도착하게 되었고, 깁슨은 그런 우리에게 채찍을 휘갈기듯 "왜 이렇게 늦으셨습니까?"하고 훈계했습니다.

저희를 훈계했습니다. 저희는 늦어진 이유에 대해 사죄했습니다. 그런데 깁슨은 "아니 그게 아닙니다"라고 하며, 이렇게 이어 말했습니다. "왜 기독교인들은 산꼭대기 제거식 채굴을 반대하는 것에 이렇게 늦은 겁니까?"

샌드라 교수님!

산꼭대기 제거식 채굴을 비난하는 기독교 교파는 몇 개 있습니다. 웨스트버지니아교의회(West Virginia Council of Churches)는 수년간 산꼭대기 제거식 채굴을 강력히 반대하는 주의였습니다. 유명한 기독교인들도 이런 관행에 대한 반대 의사를 공표했습니다. 지역 외의 몇몇 회중은 저를 지지해 줬습니다. 탄전에서 70마일 떨어진, 제가 속해 있는 회중도 제 일을 지지합니다. 그러나 탄전 내에 소재돼 있는 회중들은

---

53 래리 깁슨과 그의 놀라운 저항에 대한 찬사문은 "Farewell to Larry Gibson, an Appalachian Hero," iLoveMountains.org, September 12, 2012, http://ilovemountains.org/news/3185에서 확인하라.

보통 산꼭대기 제거식 채굴에 대해 침묵을 지킵니다.

저는 자주 1950년대와 60년대의 시민평등권운동을 생각합니다. 미국 남부의 여러 주는 분리 정책이나 그 이외의 차별 정책을 해체할 법률을 제정하지 않으려 했습니다. 이에 아프리카계 미국인들은 현실을 받아들이도록 강요받거나 변화를 위해 나서기를 무서워했습니다. 그러자 몇몇 흑인 지도자들이 일어섰고 몇몇 용감한 학생들이 일어섰고 몇몇 회중이 움직이기 시작하더니, 이들은 많은 고통을 견뎌 내야 했지만, 전국적인 운동을 낳았습니다.

샌드라 교수님!

교수님의 청강생들과 함께 상기 학생의 질문에 대해 더욱 깊이, 모든 사회적인 맥락을 고려하여 연구할 것을 격려합니다. 회중이 건들기에는 너무 위험한 거나 금기시하는 각 지역의 사안들은 어떤 것이 있는지. 왜 그런 사안들이 그렇게 여겨지는지. 일자리와 경제적인 요소들, 충성심, 문화 그리고 그런 사안들로 우리들이 누리는 특권과 편의가 무엇이길래 회중이 침묵을 지키는지. 각 사안을 해결할 말들을 어떻게 선교단을 통해 전달할 수 있을지, 아니면 그런 말들이 반드시 회중 내의 개인을 통해 전달돼야 하는지, 간 교회적인 목사들을 통해 전달돼야 하는지. 기독교 교파의 진술 효력은 그들을 지지하는 회중의 권력에 비례하는 사실을 아는지.

교수님의 청강생들과 함께할 기회를 주셔서 다시 한번 감사드립니다. 하나님이 모두를 축복하기를 기도합니다.

엘런 드림.

나는 이 편지를 읽으면 진정한 변화의 비용을 생각하게 된다. 현상에 반하려는 이들이 포기해야 하는 것들을, 견뎌야 하는 역경들을 생각하게 된다. 인정하고 싶지 않을 정도의 시간 동안 이 지구에서 살아 본 결과, 용기와 박해는 TED 연설이나 영화에서 묘사되는 용기나 박해와는 극히 다른 모습을 갖는다는 것을 안다. 그러나, 이 편지를 읽으면 이사야의 목소리 또한 들려 온다.

> 선행을 배우며
>
> 정의를 구하며
>
> 학대받는 자를 도와주며
>
> 고아를 위하여 신원하며
>
> 과부를 위하여 변호하라 하셨느니라(사 1:17).

예언자들은 계속해서 물어 본다.

"목소리가 없는 이들을 누가 변호할 것인가?"
"고아와 과부를 위해 목소리를 낼 자는 누구인가?"
카멜리타 브라운과 어니 브라운을 위해, 데이비드슨 제리미와 마슈 포크의 아이들을 위해 목소리를 낼 자는 누구인가?
우리가 침묵을 선택한 결과로 과부와 고아와 "국내 체류 외국인"이 주택과 건강과 생계를 잃을 때 우리는 어디에 있었냐고 창조주가 물을 때 우리는 어떻게 대답할 것인가?

4. 논의 의제

1. 과부와 고아를 보호하는 성경의 법률들이 우리와 소외된 이들의 관계에 관한 하나님의 의도에 대해 무엇을 알려 주는가?

2. 당신이 고대 히브리의 농부였다면 과부와 고아와 "국내 체류 외국인"을 위해 고생해서 길러낸 수확량 일부를 밭에 남겨 두는 것에 대해 어떻게 느꼈을까?

3. 오늘날의 과부와 고아, "국내 체류 외국인"은 누구인가?

4. 환경의 쇠퇴가 소외된 이들에게 끼치는 영향에 대한 당신의 반응은 어떤가?

5. 왜 우리 교회와 국가와 정부는 우리 뒷마당에서 진행되고 있는 산꼭대기 제거식 석탄 채굴을 무시하는가?

7

신약의 사람들과 우리들의 지주

결국, 남는 것은 무엇인가?
예수가 죽은 것은 식물을 위한 것인가?
아니다.
예수가 죽은 것은 동물을 위한 것인가?
아니다.
예수는 사람들을 위해 죽었다. 그리고 결국 남는 것은 교회일 것이다.

― 2016년 7월, 일리노이주, 휘튼시에서 들은 설교

교회와 우리 자신의 믿음은 초기 복음주의운동의 레이저와 같은 집중은 무언가 놀라운 것이 있었다는 것을 우리에게 말해 준다. 존 웨슬리(John Wesley)와 찰스 웨슬리(Charles Wesley), 조지 휫필드(George Whitefield) 그리고 조나단 에드워즈(Jonathan Edwards)는 신앙부흥운동이라 알려진 "1730년대 북미와 영국의 복고주의와 복음주의의 혼합"의 아버지들이었다.[1]

---

1   Timothy Larsen, "Defining and Locating Evangelicalism," in *The Cambridge Companion to Evangelical Theology*, ed. Tmothy Larsen and Daneil J. Treier (Cambridge:

수천 명의 교인의 신앙이 부활하고 또 수천 명의 개종자가 나타난 때이다. 애즈버리 웨슬리(Asbury Wesley)와 프랜시스 애즈버리(Francis Asbury)가 낳은 미감리교회(Methodist Episcopal Church of the United States)는 "이 운동의 영향을 받았고" 당 세기말까지 최대 400만 명의 신자를 확보했다.[2] 이 부흥의 기저는 라일리 케이스(Riley Case)가 말하는 "새로운 전환"인 교회의 주도적 역할이 성령의 능력을 통해 인류가 하나님과 화합할 수 있도록 복음을 찬양할 것, 영혼의 개종에 성공할 것이라는 믿음이었다.[3]

감리교회가 독립 전쟁 후 미국으로 뛰어들었을 당시, "영혼을 구하는 것만이 당신의 책무다"라는 웨슬리의 경고가 미국의 감리교인들에게는 거듭남을 통해, 예수의 피를 통한 신앙을 통해 죄의 결과로부터 구원받을 수 있다는 뜻으로 받아들였다. 종례 미국에서 가르치던 종교관을 새롭게 전환한 이 복음이 나라를 뒤흔들었다. … 독립 전쟁 후 미국 전 국민의 10퍼센트만이 자신이 교회 회원임을 자증한 반면 1850년대까지 그 수치는 40퍼센트까지 증가했고 이 중 3분의 1은 감리교인이었다.[4]

그러나 서론에서도 언급했듯이, 어쩌다 선하고도 전통적인 생각인 영혼의 회심이 기독교인의 유일한 목적으로 이해되기 시작했다. 그

Cambridge University Press, 2007), 5.
2   Kenneth J. Collins, *The Scripture Way of Salvation: The Heart of John Wesley's Theology* (Nashville: Abingdon, 1997).
3   Timothy Larsen, "Defining and Locating Evangelicalism," 1.
4   Riley Case, "In Celebration of Martin Luther and 500 Years of Evangelical Faith," *ENTOS Newsletter*, vol. 23, 2017년 11월.

결과로 (환경 제자도와 같은) 다른 활동들은 우리들의 주된 사명에의 집중을 방해하는 요소로 인식됐다. 이런 이론이 어디서 시작됐는지에 대한 단서는 교회사와 신학사를 걸쳐 많이 있다. 신약성경에 침입하여 오직 비물질적인 것만이 선이고 물질적인 모든 것은 악이라 주장하는 그리스의 이원론적 사상인 영지주의(gnosticism)가 원인이라 하는 사람들도 있으며,[5] 종말이 창조 질서의 끝을 초래할, 즉 "우리가 아는 현실과는 전혀 다른" 세계를 시작할 급격한 격변때문에 개시될 것이라 주장하는 세대주의적 전천년주의(dispensational premillennialism)가 원인이라 하는 사람도 있다.[6] 그리고 영혼의 회심은 근본주의자들에게 맡기고 사회 문제는 진보주의자들에게 맡긴 진보주의/자유주의 분립이 원인이라 하는 사람도 있다.

20세기경 미국의 중세사학자 린 화이트(Lynn White)은 환경 위기의 전면적인 원인을 유대-그리스도교적 윤리라 주장한다. 화이트의 해석에 따르면 유대-그리스도교적 윤리에서 "인간과 자연은 두 개의

---

[5] 더글라스 무("Nature in the New Creation: New Testament Eschatology and the Environment, *Journal of the Evangelical Theological Society* 49, no. 3 [2006]: 449-458)는 몇몇 해석학자가 자연을 옹호하는 구약성경과는 달리 신약성경의 신학은 "자연에 대해 무관심하거나 적대적이다"(453)라는 분석을 내세웠다고 주장한다. 신약성경은 "그리스의 이원론적 사상을 바탕으로 인간과 환경을 분리했다"며 "'현세'(this world)는 악으로 인지하며 영혼의 구원에만 집중한다"(453)라는 주장이 있다. "물질/영혼 이분(二分, matter/spirit dichotomy)" 사상의 결과는 "많은 이가 환경 위기의 심장이라 부르는 자연수단주의(自然手段主義, instrumentalist view of nature)의 일보 전이다". (Ludwig Feuerbach, *The Essence of Christianity* [New York: Harper & Row, 1957]와 비교).

[6] Millard Erickson's classic *Christian Theology* (Grand Rapids: Baker, 1987), 1209-1212를 확인하라. 알 트루스데일(Al Truesdale)은 이 주장을 그의 자서인 "Last Things First: The Impact of Eschatology on Ecology," *Perspectives on Science and Christian Faith* 46 (1994): 116-120에서 다룬다.

개체이고 인간이 주(主)이기에, 인간의 착취는 윤리적으로 악했던 반면 창조의 착취는 옳고 선했기" 때문이다.[7]

기독교에 대한 이런 해석은 세계의 다른 종교들과 비교했을 때 기독교에 '악역'을 맡기는 결과를 가지고 왔다.[8] 기독교를 향한 그녀의 혐의는 성경이 다신론과 애니미즘을 제거하여 자연의 비(非)신성화를 일으키고, 창조를 인류에게 할여해 이를 복종시켰으며 영혼과 물질의 분립을 통해 저하했다는 것이다.[9] 화이트에 따르면, 서양 세계에서 유대교와 그리스도교의 전통이 가진 사상은 "가장 인간주의적인 종교"[10]였다는 것이다. 이러한 주장 중 어느 하나를 분석하는 것

---

[7] Lynn White, "The Historical Roots of our Ecological Crisis," *Science* 155 (1967): 1205.

[8] 로버트 고틀리브(Robert Gottlieb)가 이 주제에 대한 중요한 선집인 *This Sacred Earth: Religion, Nature, Environment* (New York: Routledge, 1996)에서 말하듯이, "종교는 완전히 환경 파괴범은 아니지만, 완벽한 환경 보호의 교과서 또한 아니다. 종교는 복잡하고 가변적으로 양자의 역할을 다했다"(고틀리브, *This Sacred Earth*, 9). 지구의 파괴는 사실 동서, 산업화 전후, 제1세계 국가나 제3세계 국가인지와 무관하게 이행돼 왔다. 어느 작가의 말을 빌리자면 "인간의 이기주의는 인간의 불변한 본질이라 말하는 것이, 그리고 어느 종교를 따랐든, 인간의 이기주의를 완전히 철폐하는 데에 성공한 사회는 없다고 말하는 것이 간단하고 분명히 더 정확할 것이다"(Thomas Sieger Derr, *Environmental Ethics and Christian Humanism*, Abingdon Press Studies in Christian Ethics and Economic Life [Nashville: Abingdon, 1996], 20-21).

[9] David Kinsley, *Ecology and Religion* (Englewood Cliffs, NJ: Prentice-Hall, 1994), 103-114.

[10] 세기를 변화시킨 1996년 발효에서 화이트는 기독교의 세계관에 따르면 물질적 창조의 전면이 "인간을 위해서만" 존재한다고 말했다. 그러므로 현대에서 볼 수 있는 자연의 기술적인 착취의 원인이 유대교·그리스도교적 윤리에 있다고 주장했다. Michael Paul Nelson, "The Long Reach of Lynn White Jr.'s 'The Historical Roots of Our Ecologic Crisis,'" *Ecology and Evolution*, December 13, 2016, https://natureecoevocommunity.nature.com/users/24738-michael-paul-nelson/posts/14041-the-long-reach-of-lynn-white-jr-s-the-historical-roots-of-our-

도 유익한 결과를 불러올 수 있을 것이다.[11]

그러나 이 책의 목적이 에덴동산에 대한 인류의 책임에 대한 성경 신학적 의미를 살펴보는 것이기 때문에 구약성경이 땅과 생명에 대한 책임감 있는 제자도를 중요시하는 것을 충분히 밝히는 것을 우선적인 목적으로 삼았다. 이제부터는 신약성경을 다루고자 한다. 창조된 체계가 그리스도의 재림과 함께 파멸될 것이라고, 나아가 진정한 종언(그리스어 *telos*, "과정의 최종 과정"[12])의 추구를 위해 자원을 최대한 적극적으로 활용하는 것이 옳고 선하다고 말하려 하는 듯이 보이는 신약성경의 구문들에 대한 분석으로 시작하겠다.

1. 성경은 이렇게 말한다

하나님의 최종적인 목표가 현세의 파기라는 것을 증명한다고 주장할 때 자주 인용되는 문구들이 있다.

첫 번째는 베드로전서 3:10-13이다.

---

ecologic-crisis를 확인하라. 화이트의 주장은 기독교로 인해 구축된, 그에 따라서는 현대의 착취에 대한 자세의 기틀을 기반한, 철학적·윤리적 요소에 집중했다 (White, "Historical Roots," 1205-1206을 확인하라).

[11] Sandra L. Richter, *Bulletin for Biblical Research* 24, no. 3 (2014) 중 "Environmental Law: Wisdom from the Ancients," 307-329를 확인하라.

[12] Frederick W. Danker et al., *Greek-English Lexicon of the New Testament and Other Early Christian Literature*, 3rd ed. (Chicago: University of Chicago Press, 2000), s.v. "τέλος," meaning 2 (998).

그러나 주의 날이 도둑 같이 오리니 그 날에는 하늘이 큰 소리로 떠나가고 물질이 뜨거운 불에 풀어지고 땅과 그 중에 있는 모든 일이 드러나리로다 이 모든 것이 이렇게 풀어지리니 너희가 어떠한 사람이 되어야 마땅하냐 거룩한 행실과 경건함으로 하나님의 날이 임하기를 바라보고 간절히 사모하라 그 날에 하늘이 불에 타서 풀어지고 물질이 뜨거운 불에 녹아지려니와 우리는 그의 약속대로 의가 있는 곳인 새 하늘과 새 땅을 바라보도다(벧전 3:10-13).

두 번째는 데살로니가전서 5:2-3이다.

주의 날이 밤에 도둑같이 이를 줄을 너희 자신이 자세히 알기 때문이라 그들이 평안하다, 안전하다 할 그 때에 임신한 여자에게 해산의 고통이 이름과 같이 멸망이 갑자기 그들에게 이르리니 결코 피하지 못하리라(살전 5:2-3).

세 번째는 요한계시록 6:12-14, 17이다.

내가 보니 여섯째 인을 떼실 때에 큰 지진이 나며 해가 검은 털로 짠 상복같이 검어지고 달은 온통 피 같이 되며 하늘의 별들이 무화과나무가 대풍에 흔들려 설익은 열매가 떨어지는 것 같이 땅에 떨어지며 하늘은 두루마리가 말리는 것 같이 떠나가고 각 산과 섬이 제 자리에서 옮겨지매 그들의 진노의 큰 날이 이르렀으니누가 능히 서리요 하더라(계 6:12-14, 17).

마지막은 요한계시록 21:1이다.

> 또 내가 새 하늘과 새 땅을 보니 처음 하늘과 처음 땅이 없어졌고 바다도 다시 있지 않더라(계 21:1).

이 본문들을 어떻게 해석해야 마땅한가?

하늘과 땅, 바다. 하늘이 바다와 육지 안에 거주하는 생물과 식물과 함께 진정으로 마지막에는 없어지는 것인가?

하나님의 궁극적 계획이 아담과 이스라엘에 가꾸고 보호하라 명한 정원을 파괴하는 것인가?

일단 이 모든 문단에 공통으로 나타나는 개념을 정리하자. "주의 날"을 말이다.

2. 주의 날

주의 날(직역하자면 "여호와의 날" [히브리어 *yom Yhwh*])은 성경의 초반부터 언급된 개념이다. 개혁주의 성경신학자인 메레디스 G. 클라인(Meredith G. Kline)에 의하면 여호와의 날에 대한 첫 언급은 창조주가 "그날의 영혼에 알맞게"라고 에덴동산에서 말씀하셨고, 아담과 이브는 그 소리에 놀라 숨은 때인 창세기 3:8에서 이루어졌다고 분석한다.[13]

---

13 전통적으로는 '그 날 바람이 불 때'로 번역되는, 정원을 통한 하나님의 거닒을 묘사하는 중심적인 구문은 '그날의 영혼에 알맞게'라고 번역하는 것이 마땅하다. 여기서 '영혼'은 창세기 1:2에서도 그렇고 성경 그 어느 부분에서도 그렇듯이 신

> 그들이 그 날 바람이 불 때 동산에 거니시는 여호와 하나님의 소리를 듣고 아담과 그의 아내가 여호와 하나님의 낯을 피하여 동산 나무 사이에 숨은지라(창 3:8).

이와 비슷한 맥락으로 번역되는 경우가 많지만, 창세기 3:8은 지구에 대한 하나님의 최초의 심판일 가능성이 과분히 크다. 이 심판은 일차적으로 기만한 뱀에게 내려졌고, 어리석었던 여성에게 내려졌고, 마지막에는 배신한 남성에게 내려졌다. 그러나 언제나 그렇듯이 여호와는 자비와 희망도 가져다준다.

> 내가 너[뱀]로 여자와 원수가 되게 하고 네 후손도 여자의 후손과 원수가 되게 하리니 여자의 후손은 네 머리를 상하게 할 것이요 너는 그의 발꿈치를 상하게 할 것이니라 하시고(창 3:15).

위의 상황을 완벽히 묘사했다고 생각하는 그림이 있다. 아이오와 주 더뷰크시(Dubuque) 미시시피수녀원(Sisters of the Mississippi Abbey) 소속, 엄수 시토회 교단(Order of Cistercians of the Strict Observance) 아래의 레밍턴 그레이스 수녀(Sister Grace Remington)가 그린 그림이다. 동년의 아담과 하와를 보여 주는 그림이다.

의 현현을 가리키고, '그날'은 심판에 관한 예언자들의 예보에서 갖는 문맥과 같은 문맥을 갖는다(삿 11:27; 고전 4:3과 비교하라). 창세기 3:8이야말로 원래의 주의 날이고 이날이 금후 주의 날이 언급될 때 묘사될 그림들의 원형적인 만듦새의 역할을 했다(메레디스 G. 클라인, *Kingdom Prologue: Genesis Foundations for a Covenantal Worldview* [Eugene, OR: Wipf & Stock, 2006], 129).

한 명은 뱀이 그 다리를 둘러싼 채 부끄러워하고 비통해하고, 다른 한 명은 그의 어깨에 자매가 손을 얹은 채 임신해 희망찬 상태이다. 한 명은 한 입 먹힌 사과를 들고 다른 한 명은 죽어가는 뱀을 경건히 밟고 있다. 양자의 시선은 태어날 아이를 향한다. 나는 이 그림이 너무 좋다. 아름다워서 그렇기도 하지만 많은 의미에서 "그날"의 성격을 잘 묘사해서이기도 하다.

주의 날(yom Yhwh)은 확실히 심판의 날이다. 이날에 부의, 학대 그리고 우리 자신을 파괴하는 끝없는 야망이 심판에 마주 설 것이고 근절될 것이다. 그러나 창조의 완전한 첫 주에 정의된 대로 이 행성(지구)을 위한 하나님의 본래적 의도가 부활하는 자비의 날이기도 하다. 여호와의 날은 창조주가 우리에게 다시 내려와 이제 충분하다고 말씀하시는 날이다. 죽음이 죽고, 포로가 풀려나고, 억압받는 자들이 해방되고 탄압자는 그에 합당한 대가를 치러야 하는 날이다. 이날은 구약과 신약성경이 말하는 종말(telos)이다.

예상대로 성경을 연구하면 주의 날(yom Yhwh)이 구약성경의 예언에 반복적으로 등장한다.[14] 심판과 자비의 날에는 항상 이 땅과 하늘에서 보이는 무시무시한 지표들, 일식과 지진, 천둥과 휩싸이는 물의 소리와 하나님의 지배에 거한 이들에 대해 심판을 내리는 것이 목적인 거대한 천군 천사가 출현한다. 이사야 13:2-13이 그런 날을 표현하는 전형적인 구문이다.

---

14 이 부분에 대한 가장 좋은 자료는 게르하르트 폰 라트(Gerhard von Rad)의 *Old Testament Theology*, Old Testament Library (Louisville, KY: John Knox, 1965).

> 너희는 민둥산 위에 기치를 세우고 소리를 높여 그들을 부르며 손을 흔들어 그들을 존귀한 자의 문에 들어가게 하라 내가 거룩하게 구별한 자들에게 명령하고 나의 위엄을 기뻐하는 용사들을 불러 나의 노여움을 전하게 했느니라 산에서 무리의 소리가 남이여 많은 백성의 소리 같으니 곧 열국 민족이 함께 모여 떠드는 소리라 만군의 여호와께서 싸움을 위하여 군대를 검열하심이로다 무리가 먼 나라에서, 하늘 끝에서 왔음이여 곧 여호와와 그의 진노의 병기라 온 땅을 멸하려 함이로다 너희는 애곡할지어다 여호와의 날이 가까웠으니 전능자에게서 멸망이 임할 것임이로다 그러므로 모든 손의 힘이 풀리고 각 사람의 마음이 녹을 것이라 그들이 놀라며 괴로움과 슬픔에 사로잡혀 해산이 임박한 여자 같이 고통하며 서로 보고 놀라며 얼굴이 불꽃 같으리로다 보라 여호와의 날 곧 잔혹히 분냄과 맹렬히 노하는 날이 이르러 땅을 황폐하게 하며 그 중에서 죄인들을 멸하리니 하늘의 별들과 별 무리가 그 빛을 내지 아니하며 해가 돋아도 어두우며 달이 그 빛을 비추지 아니할 것이로다 내가 세상의 악과 악인의 죄를 벌하며 교만한 자의 오만을 끊으며 강포한 자의 거만을 낮출 것이며 내가 사람을 순금보다 희소하게 하며 인생을 오빌의 금보다 희귀하게 하리로다 그러므로 나 만군의 여호와가 분하여 맹렬히 노하는 날에 하늘을 진동시키며 땅을 흔들어 그 자리에서 떠나게 하리니 (사 13:2-13).

쉬운 말로 한다면, 하나님이 몸소 출두하시는 것이다. 이 목적은 그의 유산을 더럽히고 하나님의 사람들을 학대한 이들과 싸우기 위해서다. 일어날 학살은 잔혹할 것이다. 천지가 떨릴 것이다. 그러나 이 위대하면서도 끔찍한 날에는 우리의 타락한 세계에 스며들어져 있는, 부정의 철수(鐵手)와도 같은 구조적인 악이 숙청돼 억압받았던 이들에게 개방, 평화 그리고 부를 안겨질 것이다. 평화의 왕자는 오고 있고 그의 최종 목표(*telos*)는 창세기 1장의 완벽한 세계의 재건이다.

욕망도, 악의도, 선망도 없는 문명. 오염을 배제한 발전, 멸종이 없는 팽창.

상상이 되는가?

아담과 하와의 계속되어 커지는 가족에게 약자의 박탈이 강자의 성공 당위가 되지 않도록 필요로 했던 지도가 제공된 세상이 상상되는가?

이런 세계에서 정부는 지혜롭고 정의로우며 다정할 것이고, 자원은 풍부할 것이고, 전쟁은 무용할 것이며, 성공은 무한한, 미와 균형이 항시 존재할 것이다.[15]

그러므로 "여호와의 날"은 구약성경 중에 이사야 13:6, 9, 예레미야 46:10, 에스겔 7:10, 13:5, 30:3, 다니엘 2:31-35, 요엘 1:15, 2:1, 11, 3:4, 14, 아모스 5:18, 20, 오바댜 1:15, 스바냐 1:7, 14 그리고 말라기 4:1, 5 등 다양한 부분에서 확인할 수 있다. 그러나 "여호와의 날"은 신약성경에서도 확인될 수 있다. 신약성경에서 이 날은 *parousia*("도착, 개시, 출현")라고 불리고, 기독교인들 사이에서는 "그리스도의 재림"(예, 마 21:33-46 [사 5장과 비교하라]; 24:35-44; 행 2:20; 고전 5:5, 15:23; 살전 3:13; 5:2; 살후 2:2; 약 5:8; 벧후 3:10)을 의미한다.[16]

왜 "여호와의 날"은 구약성경에서도 신약성경에서도 등장하는가?

---

15 Sandra L. Richter, *The Epic of Eden: A Christian Entry into the Old Testament* (Downers Grove, IL: IVP Academic, 2008), 104.
16 Danker et al., *Greek-English Lexicon of the New Testament*, s.v. "παρουσία," (535).

구약성경의 하나님이 신약성경의 하나님이기에, 에덴동산을 개시한 하나님의 계획은 변하지 않았기 때문이다. 최종 목표는 언제까지나 하나님의 사람들이 하나님의 공간에서 하나님의 존재에 만끽할 수 있게 만드는 것이었다. 그러므로 우리는 신약성경을 통해 하나님의 아들이 여호와의 군대 지도자로서 그 약속된 영화로운 무서운 날에 판결을 가져오리라는 것을 알게 된다.

> 주의 크고 영화로운 날이 이르기 전에 해가 변하여 어두워지고 달이 변하여 피가 되리라 누구든지 주의 이름을 부르는 자는 구원을 받으리라 했느니라(행 2:20-21; 욜 2:30-32와 비교).

여호와의 날이 신약성경의 그리스도의 재림(*parousia*)이라는 것을 이해하면 베드로후서와 데살로니가후서를 성경 저자들이 생각했던 의미 그대로 읽을 수 있게 된다. 신약성경의 저자들은 그 선조들이 사용했던 언어와 같은 언어를 사용하고 있으며 1세기의 그 어느 유대인도 단김에 알아챘을 법한 사건을 전수하고 있다. 여호와의 날을 말이다. 바울은 이를 데살로니가후서 2:1-3, 7-8에서 명확히 한다.

> 형제들아 우리가 너희에게 구하는 것은 우리 주 예수 그리스도의 강림하심과 우리가 그 앞에 모임에 관하여 영으로나 또는 말로나 또는 우리에게서 받았다 하는 편지로나 주의 날이 이르렀다고 해서 쉽게 마음이 흔들리거나 두려워하거나 하지 말아야 한다는 것이라 누가 어떻게 하여도 너희가 미혹되지 말라 먼저 배교하는 일이 있고 저 불법의 사람 곧 멸망의 아들이 나타나기 전에는 그 날이 이르지 아

> 니하리니 … 불법의 비밀이 이미 활동했으나 지금은 그것을 막는 자가 있어 그 중에서 옮겨질 때까지 하리라 그 때에 불법한 자가 나타나리니 주 예수께서 그 입의 기운으로 그를 죽이시고 강림하여 나타나심으로 폐하시리라(살후 2:1-3, 7-8).

이렇게, 불과 지진, 천둥과 그 이외의 천적 소란은 여호와의 날이 구연하는 문구에 공통으로 등장하는 것을 알 수 있고 이 언어가 필연적으로 전멸을 의미할 것이 아닌 판결을 의미하는 것을 알 수 있다. 이런 묘사 방식이 "계시" 또는 "제막"을 의미하는 예언적 담화의 하위 범주로서 환상적이고 가끔은 기이한 묘사로 세계의 종말을 표현하는 묵시문학(apocalyptic literature)이라는 문학 장르에서 유래한다는 것을 알아야 한다.[17]

묵시문학은 상징주의와 신화적인 묘사, 숫자의 획기적인 사용과 역사의 시대를 구분해 가며 이야기를 전개해 나가는 특징이 있다. 성경에 포함된 묵시문학 작품들은 구약성경에서의 다니엘이 있고 신약성경에서는 요한계시록이 있다. 더글라스 무가 말하듯, "이 책에서 맞이하는 선견지명들은 독자에게 새로운 세계를 설명하는 것인지, 우리 세계에서는 경험할 수 없는 상황들을 묘사하기 위해 은유를 사용한 것인지를 물을 것을 강요한다."[18]

우리 세계와 다음 세계의 연결성은 그 누구도 확실히 이해하지 못하지만, 무와 다수의 신약성경학자들은 두 해석 중 후자를 택한다. 즉,

---

17　George E. Ladd, "Apocalyptic," in *Evangelical Dictionary of Theology* (Grand Rapids: Baker, 2001), 75-79를 확인하라.
18　Douglas Moo, "Nature in the New Creation," 465.

세기의 종말에 있을 심판을 은유적으로 표현됐다 주장한다.[19] 다른 말로 정리하자면, 종말론적인 표현 방식은 물리적 세계의 완전한 파괴를 의미하는 것이 아니다. 그런 결말은 전체적인 구원의 흐름과 배치되는 결말이기 때문이다. 사용된 표현의 상징은 의도됐기 때문이다.

구약성경의 예언들이 지구의 파멸을 전수하지 않았고 왕의 귀환을 말미암아 타락한 세계의 복원과 부유가 도래할 것을 예언하는 구문들이 다수하기 때문이다. 마태복음 24:37에서 그리스도의 재림 비유로 사용되는, 비세계의 악을 제거하기 위해 시행된 노아의 대홍수에서도, 하나님은 그분이 창조하신 좋은 세계를 그 식물과 생물과 함께 보존했기 때문이다. 그리고 무엇보다 중요한 이유는 바울 본인이 그렇게 말했기 때문이다.

---

19 Ben Witherington III, *The Indelible Image: The Theological and Ethical Thought World of the New Testament* (Downers Grove, IL: IVP Academic, 2009), 1:797-805; Richard Bauckham, *Jude, 2 Peter*, Word Biblical Commentary 50 (Waco, TX: Word, 1983), 299; Richard Bauckham, "Jesus and the Wild Animals (Mark 1:13): A Christological Image for anEcological Age," 4, in *Jesus of Nazareth: Essays on the Historical Jesus and New Testament Christology*, ed. Joel B. Green and Max Turner (Grand Rapids: Eerdmans, 1994); H. Paul Santmire, "Partnership with Nature According to the Scriptures: Beyond the Theology of Stewardship," *Christian Scholars Review* 32, no. 4 (2003): 381-412; John Austin Baker, "Biblical Views of Nature," in *Liberating Life: Contemporary Approaches to Ecological Theology*, ed. Charles Birch, William Eakin, Jay B. McDaniel (Maryknoll, NY: Orbis, 1990); G. K. Beale, "The Eschatological Concept of New Testament Theology," 11-52, in *"The Reader Must Understand": Eschatology in Bible and Theology*, K. E. Brower and M. W. Elliott (Leicester, UK: Inter-Varsity Press, 1997); James D. G. Dunn, *A Theology of Paul the Apostle* (Grand Rapids: Eerdmans, 1998), 101; Murray John, *The Epistle to the Romans*, New International Commentary on the New Testament (Grand Rapids: Eerdmans, 1968), 303-305.

3. 로마서 8:18-25

로마서 8장에서 성도의 상속에 대한 그의 유명한 취급의 한가운데, 우리는 우리 지구 행성의 운명에 대한 바울의 이해를 엿볼 수 있다. 바울은 파멸의 언어가 아닌 부활의 언어를 인용한다. 바울은 아마 고린도 교회의 로마인들에게 편지를 보낸 것으로 추정된다.[20] 예루살렘으로 떠나려 하지만 이제 막 개종한 이들의 흔들리는 신앙을 갖은 이들이 걱정되는 바울이었다. 그가 물은 질문은 다음과 같다.

왜 우리에게 신약성경이 필요한가?
기독인의 자격은 누가 갖추는가?
왜 구약성경은 우리를 구하지 못했나?
그리고 무엇보다 중요한 질문은, 하나님 나라가 도래했다면 왜 우리는 아직 빈곤하고 박해당하고 고통받는가?

바울의 대답은 이렇다.

> 생각하건대 현재의 고난은 장차 우리에게 나타날 영광과 비교할 수 없도다 피조물이 고대하는 바는 하나님의 아들들이 나타나는 것이니 피조물이 허무한 데 굴복하는 것은 자기 뜻이 아니요 오직 굴복하게 하시는 이로 말미암음이라 그 바라는 것은 피조물도 썩어짐의 종 노릇 한 데서 해방되어 하나님의 자녀들의 영광의 자유에 이르는

---

20 James D. G. Dunn, *Romans 1–8*, Word Biblical Commentary 38A (Nashville: Thomas Nelson, 1988), xliv.

것이니라 피조물이 다 이제까지 함께 탄식하며 함께 고통을 겪고 있는 것을 우리가 아느니라. 그뿐 아니라 또한 우리 곧 성령의 처음 익은 열매를 받은 우리까지도 속으로 탄식하여 양자 될 것 곧 우리 몸의 속량을 기다리느니라 우리가 소망으로 구원을 얻었으매 보이는 소망이 소망이 아니니 보는 것을 누가 바리요 만일 우리가 보지 못하는 것을 바라면 참음으로 기다릴지니라(롬 8:18-25).

이 문구는 구원의 흐름을 매우 효과적으로 표현한다. 구원의 역사가 마태복음 1:1 또는 로마서 3:23에서 시작하는 것이 아니라 처음부터 시작했음을 내 학생들에게 보여 주기 위해 자주 사용하는 문구이다. 이 문구에서 에덴의 역할은 인간('ādām)의 반란으로 인해 방해된 하나님의 이상적인 계획의 청사진인 것은 명확하다. 구원의 이야기가 하나님의 계획 복원이라는 끝을 맺을 것도 명확하다.

바울은 반복적으로 개인과 공동체와 인류의 죄의 영향을 강조한다. 위의 인용구에서는 죄가 세계(cosmos)에 갖는 영향을 설명한다. 청중에게 인류의 반란으로 모든 창조물이 고통받았음을 환기하도록 한다. 그 결과 창조물 전부가 "하나님의 아들들이 나타나는 것"을 기다린다.

창조물은 왜 기다리는가?

좌절을 느꼈기 때문이다. 상기 문구의 원문에서 사용된 그리스어는 "창조가 그의 창조 목적을 달성하지 못했다"라고 암시한다.[21] 경

---

21 "그리스어 단어는 창조가 그의 창조 목적을 달성하지 못했다는 것을 암시한다"(Moo, "Nature in the New Creation," 461). "창조물이 견뎌야 했던 자만은 자연의 체계에서 결여된 생기와 그 본래의 목적을 달성하려는 과정에서 맞이하게 되는 절망에 의한 듯하다"(Murray, *Epistle to the Romans*, 303). "수 세기를 걸쳐 창조는 그의 생기를 손상당하고 방해당할 운명이었다"(William Sanday and

작 가능한 토지('ādāma)가 인간('ādām)의 반란으로 그 생기를 잃었기 때문이다. 하나님의 선택된 제자들은 그들에게 주어진 역명을 다하지 못하고 이로 인해 그의 지도 아래에 두어진 창조물은 인류의 자기 파괴적인 악순환에 갇히게 된 것이다. 인류와도 같이 창조도 "부패의 강습"을 경험한다. 하나님 나라의 상속자들과도 같이 창조는 그 구조를 기다린다.

자유는 어떻게 세계와 아담의 자식들에게 도달할 수 있는가?

바울은 여기에서 대답을 축약했지만, 단어 하나하나에 의미 가득 찬 대답을 고린도전서 15:42-58에서 제공한다. 마지막 아담의 귀환과 함께 첫 아담의 자식들은 부패 불가능한 그것에 태어날 것이다. 이것이 로마서에서의 "하나님 자녀들의 영광의 자유"이다(롬 8:21). 로마서 8:23이 말하듯이, 완성의 순간은 몸의 구원인, 우리들의 "아들[상속자]로서의 입양"의 순간이다.

"하나님 자녀들의 영광의 자유"는 우리들이 타락했고 깨어진 몸들의 부활을 통해 하나님과 같은 차원에 있는 것을 견딜 수 있게 됨을 통해 (신약성경학자들이 흔히 말하는 "아직") 현세대에서 그리스도를 향한 의지가 완수되고 현실화하는 순간이다("이미"). 즉, 승리의 영광스러운 순간은 부활의 순간이다. 죽음이 퇴치되고 저주는 풀리고 아담의 아들들과 이브의 딸들이 생가로 돌아가 하나님과 재회하는 순간이다. 이 순간에 신자들의 "구원"이 완성되는 것이다(롬 5:12-21).

Arthur C. Headlam, *The Epistle to the Romans*, 4th ed., International Critical Commentary [Edinburgh: T&T Clark, 1900], 205).

로마서 8장에서 바울의 행동을 살펴봐라. 그는 인류의 부활과 창조의 부활을 대조한다.

> 그 바라는 것은 피조물도 썩어짐의 종노릇 한 데서 해방되어 하나님의 자녀들의 영광의 자유에 이르는 것이니라(롬 8:21).

많은 이가 바울의 신학적 최고작이라 부르는 이 구문에서 바울 성도는 신자의 삶의 이유인 승리의 영광스러운 순간이 창조가 기다리는 순간과 같다 주장한다.[22] 죽음이 패하고 저주가 풀리면 세계는 부활할 것이고 해방될 것이고 치유될 것이고 인류의 반란이 낳은 혼돈으로부터 자유로워질 것이다.

강의에서 이 구문을 읽으면 학생들이 복음의 최종적인 목적이 개인적 "화재 보험"과 같은 것이 아니라는 것을 처음 깨닫는 경우가 많다. 학생들은 자신들의 개인적인 구원의 이야기가 그리스도의 사역을 통해 창조물 전체를 구원할 파노라마와도 같은 계획 일부임을 깨달아 당황하고 당혹해한다. 더글라스 무의 말을 빌리자면 다음과 같다.

> 창조가 인류의 죄로 인해 피해를 봤다면 인류의 구원으로 인해 득 또한 볼 것이다. 신자들이 찬미 받게 되면 창조가 "부패의 강습"으로부터 풀려나 기독교인들의 목적지인 "영광의 일부인 자유"에 참여하게

---

22 존 스토트(John Stott)는 귄터 보른캄(Gunther Bornkamm)을 인용하여 로마서를 "바울 성도의 마지막 염원이자 고백"이라 표현한다. *The Message of Romans: God's Good News for the World* [Leicester, UK: Inter-Varsity Press, 1994], 32.

될 것이다. 바울은 증언한다. 자연은 하나님의 계획에서 미래를 보장받는다. 파괴가 아니라 변화가 그 목적지다.[23]

4. 요한계시록 21:1과 요한계시록 22:1-2

계시록은 하나님의 계획에 대한 추가적인 단서를 제공한다. 여기서 기독교인들이 "천국"이라 하는 "새 하늘과 새 땅"이, "새 예루살렘"이, "신부가 남편을 위하여 단장한 것 같이" 하나님으로 말미암아 천국에서 내려온다(계 21:1-2).

존은 정문은 벽옥으로 만들어지고 천사들이 지키는 완벽한 정사각 모양의 순금 성곽을 갖춘(계 21:18) "수정같이 맑은" 벽옥처럼 빛나는 도시를 상상하게 될 때까지 옛 예루살렘의 아름다운 것들을 확대하고 정화해 이로 천국을 비유한다(계 21:11). 위험이 없기에 정문은 항시 개방돼 있다(계 21:25). "하나님의 영광이 [성을] 비치고 어린 양이 그 등불이" 되기에 해나 달이나 등이 필요 없다(계 21:23).

여기서, 정당한 왕의 왕좌로부터 시작되는 에덴의 장대한 강이 자유롭게 흐르고(계 22:1; 겔 47:1-12) 에덴의 생명 나무는 증식하여 도시의 중앙 도로의 윤곽선을 형성한다(계 21:1-2).

---

23 Moo, "Nature in the New Creation," 462.

> 다시 저주가 없으며 하나님과 그 어린 양의 보좌가 그 가운데에 있으리니 그의 종들이 그를 섬기며 그의 얼굴을 볼 터이요 그의 이름도 그들의 이마에 있으리라 다시 밤이 없겠고 등불과 햇빛이 쓸 데 없으니 이는 주 하나님이 그들에게 비치심이라 그들이 세세토록 왕 노릇 하리로다(계 22:3-5).

『에덴의 서사시』에서 상세히 말하듯, 요한이 사용하는 표현들은 하나님 나라가 많은 기독교인이 상상하듯이 비물리적 존재가 (구름과 천적인 이들 사이에서 영원히 하프를 연주하며 둥둥 떠다니는 존재가) 아니라 사실은 에덴의 복원이라는 것을 명확히 한다.[24] 천국을 에덴의 성스러운 강과 생명의 나무로 표현함으로써 신약성경의 작가들은 의도적으로 독자들을 위해 연결 고리를 만드는 것이다. 우리가 에덴에 귀화할 수 있도록 "신학적인 빵 쪼가리"를 남기는 것이다.

로마서와 요한계시록은 우리의 몸은 살아 있는 육과 피(living flesh and living blood)로 승격될 때, 천국은 이런 물리적인 정체성을 갖은 몸들을 부양할 수 있어야 한다고 보여 준다. 즉, 많은 독자가 놓치긴 했으나, 신약성경은 우리에게 "천국이" 부활하고 그 상처는 치유되고 질병이 씻겨 나간 우리의 지구라 가르친다.

그레고리 비일(Gregory Beale)이 말하듯, 천국은 "몸이 그 옛 정체성을 잃지 않은 채 승격되듯이, 구세계의 인식 가능한 대응물이자 부활이다."[25] 현 세계와 다음 세계의 연결 고리는 정의하기 어렵긴 하지

---

[24] Richter, *Epic of Eden*, 119-136.
[25] Gregory K. Beale. *The Book of Revelation*, New International Greek Testament Commentary (Grand Rapids: Eerdmans, 1999), 1040.

만, 폴이 지구의 종점을 감히 신자의 정체성의 궁극적인 표현과 (즉, 몸의 부활과) 연관시킨다는 것 자체가 하나님이 이 지구에 부여하는 본질적인 가치에 대해 많은 것을 알려 준다.

신약성경의 청중이 구약성경의 청중보다 도시적인 터 구약성경보다 농업과 목축업에 관한 얘기는 적지만, 이스라엘의 신정 정치는 1세기 로마령 고대 유대에서는 통하지 않아 연방법이 이제는 신법과는 다르다. 하지만 새로운 'ādām의 정체를 정의하기 위해 신약성경 전집의 초점이 거의 일치하며 지구에서의 거주권과 창조 보호에 대해서는 많은 말을 하지 않지만, 상기 문단에서 도출된 결론은 신약성경이 구약성경의 메시지를 받아들이고 재언함이 확실하다.

> 만물이 그에게서 창조되되 하늘과 땅에서 보이는 것들과 보이지 않는 것들과 혹은 왕권들이나 주권들이나 통치자들이나 권세들이나 만물이 다 그로 말미암고 그를 위하여 창조되었고(골 1:16).

정리한다면, 신약성경에서도 동산은 (나아가 과부와 고아와 피조물은) 하나님의 것이다. 하나님은 아직도 지구의 자원이 하나님의 목표를 위해 활용될 것을 원한다. 나아가, 바울 사도와 요한계시록에 따르면, 하나님의 궁극적인 목표는 정원을 보존하는 것이다.

5. 논의 의제

1. 교회의 유일무이한 목적이 영혼의 개종이라는 것에 동의하는가?

2. 교회가 (구원됐는지와는 무관하게) 과부와 고아에 대한 기부와 봉사의 의무를 갖는다고 생각하는가?

3. 지속 가능한 토지 사용과 가축의 인도적 대우에 대해 신약성경이 구약성경에 동의한다고 생각하는가?

4. "정말 중요한 것"을 (영혼의 개종) 이루기 위해 지구의 자원을 최대한 적극적으로 활용하는 것이 윤리적으로 적절하다는 전제는 어디서 유래했다 생각하는가?

5. 이 장을 읽은 당신은 성경의 신학적 염려에 환경 제자도가 포함됐다고 생각하는가?

결론

그럼 우리는 어떻게 살아야 하는가?

최대의 환경 문제들이 생물 다양성의 손실, 생태계의 파괴 그리고 기후 변화라 생각했다. 30년의 과학이라면 이런 문제들은 충분히 해결되리라 생각했다. 잘못된 생각이었다. 최대의 환경 문제는 이기성과 탐욕 그리고 냉담함이다. 이 문제들을 해결하기 위해서는 문화적이고 영혼적인 변화가 필요하다. 과학자인 우리는 이를 어떻게 이룰 수 있는지 모른다.

- 지미 카터 대통령 직속 환경위원회 의장 거스 스페스[Gus Speth]

본서는 환경 제자도를 성경신학적으로 구성하는 시도다. 연구 방식은 세기를 걸친 성경신학의 연구 방법론과 같이 연구 주제를 성경 본문의 조사를 통해 검토하는 것이었다. 내가 제기한 물음들은 다음과 같다.

연구 주제가 성경 본문에서 하나님 본성의 일부로서 구조적으로 묘사되는가?

아니면 특정 상황에 제한되어 보이는 그 상황의 특수성의 맥락에서만 묘사되는 가치일 뿐인가?

결론은 성경이 본 연구 주제를 반복적이고 구조적으로 언급함을 알았고, 본서를 처음 펼쳤을 때의 예상과는 달리 지구의 제자도가 복음의 메시지에 결코 생경하거나 중요하지 않다는 결론을 내렸다. 오히려 신앙과 실천의 규칙들은 연구 주제에 대해 할 말이 많다는 것을 알았다.

하나님이 지구를 소유하고 정원도 이스라엘도 책임감 있는 제자도를 위한 "토지 불하"라는 사실을 알게 됐다. 토지의 지속 가능한 사용과 가축의 인도적인 대우와 야생 동물의 보호와 우리에게 할여된 토지에 서식하는 생물과 식물에 대한 존경과 과부와 고아의 보호가 에덴에서 시작해 예루살렘까지 재언됐음을 확인했다.

그러므로, 성경를 연구한 결과, 성경은 환경 문제에 관심을 둔다고 결론지을 수 있다!

지금부터가 어려운 질문이다.

이런 사실들을 확인한 이상, 기독교인인 우리는 어떤 자세를 취해야 하는가?

서론에서 다뤘듯이 많은 이가 환경 보호의 메시지에는 정치적 무게가 실려 있다고 느낀다. 그러나 국가의 정치를 잠시 보류하고 하나님 나라의 정치를 고려한다면 새로운 그림이 그려진다. 지구의 제자도는 공화당 대 민주당의 문제가 아니다. 전미총기협회(NRA) 대 계획가족단체(Planned Parenthood)의 문제도, "진보"와 "보수"의 문제도

아니다.[26]

본서에서 다뤄진 주제는 타락한 세계에서 그리스도를 따르라는 요구이다. 환경 문제에 대해 우리의 지지를 갈망하는 수많은 목소리와 "팩트" 중 하나님 나라 시민인 우리에게는 성경의 목소리가 그 어느 목소리를 능가해야 한다.

이스라엘에 관한 연구는 주민이 환경을 보호하고 관리할 것이 하나님의 왕국에 요구됨을 명확히 증명했다. 이스라엘에서는 경제적 발전도, 국가 안보도, 개인의 경제적 경쟁성조차도 토지와 약자와 가축과 야생 동물의 학대를 정당화하지 못했다. 반대로 이스라엘의 토지와 나무와 생물을 관리하는 법들은 균일하게 에덴동산에서 전달되는 동일한 메시지를 전달한다.

이스라엘은 하나님의 땅의 세입자이자 제자이다. 땅과 그 수확물 그리고 그 땅에 거주하는 모든 생명은 하나님의 것이지 인류의 소유가 아니다. 이에 따라 이스라엘의 개개인은 하나님이 하사한 자원의 관리에 대해 하나님의 심판 아래 놓였다. 구약성경의 전반을 걸쳐 이 교훈이 드러난다는 사실을 확인했다.

하나님은 그가 창조한 것에 대해 만족해 한다. 그가 설계했고 그것을 부양해 나갔으며 하나님의 사람들이라면 창조를 존경하고 보호하기를 기대한다. 창조 보호에 대한 구약성경의 가르침을 한 관용구로 정리한다면 다음과 같을 것이다.

---

26 현대 미국 정치의 이슈 중 민간인 총기 보유권(전미총기협회)과 낙태권(계획가족단체)이 있다. 흔히 "진보"와 "보수"라 불리는 두 분류가 크게 갈리는 이슈이다(역자 주).

> 지구는 주의 것이고 그것에 포함된 모든 것은,
> 너의 필요로 사용해도 된다,
> 그러나 욕구로 남용해선 안 된다.[27]

나아가 토지의 지속 가능성, 야생 동물들 그리고 가축의 복리에 대한 이스라엘의 태도가 동시대 주변 지역에 소재해있던 사회들과는 급격히 달랐음을 알았다. 이집트, 메소포타미아 그리고 아람은 전쟁 중의 환경 테러로 잘 알려졌다. 아시리아의 각종 상징학은 타당한 이유 없는 악의적인 야생 동물의 살해를 기념했고 메소포타미아의 멸망에는 휴경의 무시로 인한 농업적 무익성이 하나의 큰 요소로 보인다.

내가 학자로서 받은 교육은 이스라엘이 어떤 이유로 이렇게나 급격히 차별화된 사고방식에 대한 이유를 사회학적인 관점으로 그 문화의 역사와 발전에서 도출해 내라 요구한다. 신명기가 환경의 장기적인 영향까지 고려하는 것은 이스라엘 지역의 독특한 지형 때문일지도 모른다. 이집트나 메소포타미아에서 활용하는 관주 농업과는 달리 건지 농법을 사용함에 따른 심리적 요인에 의한 것일지도 모른다.

자기 민족 중심적 사고방식이 "타인"의 행동에 대응하여 낳은 결과일지도 모른다. 이 주제를 연구한 결과 위의 질문 해답은 이스라엘의 사회정치적 구조에는 없다는 확신을 하게 됐다. 이스라엘의 독특한 사고방식의 기근은 그들이 믿는 신에 대한 고찰이 낳은 결론이다.

---

27   원문은 다음과 같다. "The earth is the Lord's and all it contains; you may make use of it in your need, but you shall not abuse it in your greed."

이런 결론을 당대 이스라엘 사회를 비판하고 비난했듯이 우리 사회에도 비판과 비난을 던진다. 안식일의 음률에 맞게 자제와 기부의 지속 가능한 삶을 살아가고 토지의 장기적인 비옥함에 더해 가축과 야생 동물의 복리를 신경 쓰는 것은, 오늘날 그렇기에 힘들듯이 당대 이스라엘에도 매우 힘겨웠을 것이다.

우리가 그렇듯이, 이스라엘도 다문화적인 사회와 부족한 수확량, 재산적 피해, 토지 소유권, 빈곤 그리고 세금이 요구하는 다각적이고 상호배타적인 수요를 관리하느라 힘들었을 것이다. 그러나 항시 하나의 중심적인 교리는 지켜졌을 것이다. 이 땅과 이를 거주하는 생명은 우리의 것이 아니다. 빌려 받은 것이다. 각각 보존되도록 관리가 요구된다.

그리고 하나님에 대한 복종에 대한 대가로 하나님 스스로 자신이 성장을 가져오겠다는 그의 말을 믿는 것이다(신 30:9). 당대의 긴요한 상황들에 대응하기 위해 절망을 따르는 체념이 불러오는 단기적이고 자원의 고갈을 야기하는 자원 관리법은 이스라엘에서 허용되지 않았다. 우리 세계에서도 이는 허용돼선 안 된다.

그러므로, 창조 보호에 대한 성경의 수많은 교훈 중 이 한 가지만은 이론의 여지가 없다고 생각한다. 세계와 이곳에 거주하는 생명은 우리의 것이 아니라 하나님의 것이다. 타락 이전, 하나님이 우리에게 내리신 역명은 정원을 보호하고 관리하고 지키는 것이었다(창 2:15, *lĕ obdāh, lĕ šomrāh*). 타락한 우리는 반대로 세계의 수월한 자원들을 남용하고 착취하기로 했다. 욕구를 따라 원하는 것을 가져갔다. 이의 여파가 어떨지에 관한 관심도 없이 (가끔은 생각조차 없이) 말이다.

오늘날, 이 여파들에 대한 자료는 다수하다. 수백 개의 수로가 오염됐고 수만 종들이 멸종했고 100억 에이커의 농지는 파괴됐고 상상도 못할 대량의 쓰레기가 축적됐다. 인간관계에 대한 아담('ādām)의 선택이 그랬듯이, 이 경우에도 인간('ādām)의 선택은 우리의 사방에서 확인될 수 있다.

그러나 하나님의 사람들은 달리 행동하도록 명령받았다. 우리는 창조 자체가 부패의 종노릇으로부터 "하나님 자녀들의 영광의 자유에 이르는" 그날만을 위해 산다. "그로 말미암고 그를 위하여" 창조된 그것들을 목격하는 것이 하나님이 우리에게 하사한 의무이다. 즉, 타락한 이 세계에서는 구원받을 공동체의 역할은 우리의 삶을 왕국의 표현으로써 우리의 가치관이 주의 가치를 향하도록, 그리스도가 그랬듯이 아담과 하와가 살았어야 했던 삶을 사는 것이다. 우리의 역할은 삶을 통해 "하나님의 선하시고 기뻐하시고 온전하신 뜻"을 제시하는 것이다(롬 12:2).

그렇다면 우리는 어떻게 구원받은 인류의 책임이 창조의 의도적인 제자도라는 메시지를 무시하며 살아갈 수 있겠는가?

이렇게 상기 관용구로 돌아간다.

> 지구는 주의 것이고 그것에 포함된 모든 것은,
> 너의 필요로 사용해도 된다,
> 그러나 욕구로 남용해선 안 된다.

현대의 환경 위기가 필요가 아닌 욕구에 의한 사태라는 것이 내 확고한 생각이다. 이 장을 시작할 때 인용한 거스 스페스의 인용구가 말했듯이, '국가자원보호의위원회'(National Resource Defense Council)의 공동 창립자이자 '세계자원연구소'(World Resource Institute)의 창립자이고 유엔개발계획(UNDP)의 최고 위원장이자 카터 대통령의 환경위원회의 의장으로 활동했던 환경보호운동가 중 베테랑인 이 사람도, 같은 결론에 도달했음에 주의를 기울고 싶다.

스페스보다도 환경 정치나 정책에 대한 내부 정부가 많은 사람은 상상하기도 어렵다. 그러나 35년 동안 환경 정치와 국가 정책 기관의 최고 계급에서 활동한 후, 스페스는 환경 파괴의 원인은 과학도 정치도 아닌 윤리라 말했다. "사람의 권력보다도 돈의 권력"[28]의 촉진을 가능하게 하는 윤리 체계 말이다.

그 어느 사회적인 선보다도 제한 없는 이윤을 추구하는 윤리 체계를 말이다. 민주주의의 내재적인 균형을 "대기업"의 영향으로 좌지우지될 수 있도록 허락한 윤리 체계를 말이다. 그러나 놀랍게 느껴져야 할 것은 우리가 꿈꾸지도 못할 정도의 영향력을 갖은 이 사람이 도움을 청하는 것이다.

어째서인가?

과학자와 환경운동가로는 국가의 윤리 체계를 변화시킬 수 없다는 것을 알기 때문이다. 여기서 우리의 역할이 시작되는 것이다. 구원받은 자들의 공동체는 그럴 능력이 있기 때문이다.

---

28 Curwood, 스페스와의 인터뷰.

교회는 최고조에 노예 제도의 폐지를, 절주운동을,[29] 노숙자와 고아, 수양 아이들의 보호를, 그들을 위한 의료 서비스를 그리고 시민 평등권의 길을 개척했다. 최고조의 우리는 다른 그 어느 단체보다도 많은 보육원과 병원을 설립했다. 최고조의 우리는 하나님이 우리에게 명령한 이타적인 자세를 마다가스카르나 아이티와 같은 지역으로 들고 가 교육자로서, 식물학자로서, 조산사로서 활동했다.

우리는 사회의 윤리적 나침반의 역할을 수용하고 부패에 맞섰으며 목소리가 없는 이들을 변호했다.

다시 한번 그러면 안 되는가?

먼저 나서서 환경 제자도의 길을 선도할 수 없는가?

더글라스 무는 다음과 같은 표현을 쓴다.

> 회복될 창조의 '아직'은 하나님의 사람들 사이에서 창조에 대한 윤리적 헌신의 '이미'를 필요로 한다.[30]

타락한 이 세계에서 하나님의 성질의 목격자로서의 우리의 정체성은 우리의 삶을 하나님의 왕국이 갖게 될 모습처럼 살아가는 것을 요구한다는 뜻이다. 2012년 복음주의신학협회(Evangelical Theological Society)에서 깨어 있고 열정적인 젊은 박사들에게 말했듯이, 우리가 모

---

[29] 20세기 초반 미국에서는 주류 섭취량을 감량하기 위한 운동이 있었다. 이를 Temperance Movement이라 한다(역자 주).

[30] Douglas Moo, "Nature in the New Creation: New Testament Eschatology and the Environment," *Journal of the Evangelical Theological Society* 49, no. 3 (2006): 484.

든 전쟁을 끝내고 모든 고아를 입양하고 모든 젊은 여성을 성매매 업계로부터 해방하지 못하듯이 교회가 이 모든 (심지어는 다수의) 문제를 고치리라 기대하지 않는다. 그러나 당당히 현세에 대한 반대 의견을 대변할 수 있다는 것은 확신한다.

절제와 제자도의 삶은 타락한 이 세계에서는 생소한 말인 것은 사실이다. 주변만 봐도 그것은 확실해진다. 그러나 우리가 전도해야 할 교훈이 문화의 흐름을 거한다는 사실은 우리들의 예언적인 약명의 당위를 제거하지 못한다. 어둠 속의 빛, 반죽을 변질시키는 미세한 효모, 이것이 우리의 정체성이다. 대담하게 옳은 말을 하는 마가렛 미드(Margaret Mead)는 이 말로 유명하다.

> 사려 깊고 열성적인 사람들의 작은 집단이 세계를 바꿀 수 있다는 것을 의심하지 말아라. 세계를 바꾼 것은 그런 작은 집단뿐이다.

정리한다면 창조 전부의 구원이 좋은 소식임을 완전히 확신한다. 그러므로 창조 보존은 사회정의의 규범, 이 세계를 거주할 영리한 방법, 정치적 이슈일 뿐 아니라 하나님의 본성을 비추고 그의 계획의 목적(*telos*)을 상징한다. 에덴의 모든 타락의 해결책과 같이 이번도 복음만이 사태의 해결책이다. 즉, 하나님의 전력 계획과 연합하여 사는 변화된 삶의 메시지인 복음이다.

바울 사도는 우리의 소명은 삶을 통해 "하나님의 뜻이 무엇인지" (롬 12:2) 보여 주는 것이라 말한다.

창조에 관한 주의 염원은 무엇인가?

여호와 하나님이 그 사람을 이끌어 에덴동산에 두어 그것을 경작하며[*lĕʿobdāh*] 지키게[*lĕšomrāh*] 하시고(창 2:15).

책의 서론은 기독교인이 환경보호주의자일 수 있는지를 묻는다. 이에 대한 내 답은 "제2의 아담으로 인해 부활한 에덴에서 영원토록 살 수 있도록 구원받고 변형된 아담의 아들과 하와의 딸이 어떻게 환경보호주의자일 수 없는가"이다.

부록

행동력이 강한 기독교인을 위한 자료

2018년 4월 시에라에 출판된 기사에서 환경과학 소통자[1]인 에릭 홀트하우스(Eric Holthouse)는 기후 변화 연구의 결과로 관리 불가능할 정도의 공황을 얻게 됐다고 말한다.

> 지구의 운명에 대해 걱정하는 많은 사람이 그렇듯이 작년을 영혼을 부수는 듯한 절망과 고집불통의 희망 사이를 오간다.

홀트하우스에 따르면 그의 심리 상담사도 공황의 심도에 놀랐다 한다. 심리 상담사의 조언은 무엇이었을까?

'할 수 있는 것들을 하라'였다. 홀트하우스는 이 간단한 조언이 그를 많이 도왔고 이를 통해 중요한 걸 배웠다. 우리가 모두 같이하는 일이다.

---

1   환경과학에 대한 정보를 방송이나 기사 따위를 통해 대중에게 알리는 사람들을 환경과학 소통자(climate-science communicator)라고 부른다(역자 주).

2014년 제자도 연대 세미나(Seminary Stewardship Alliance)에서 로마서 8장에 대한 설교를 부탁받았다. 열정 넘치는 교수들, 운동가들 그리고 민간지도자들 앞에 선 나는 홀트하우스가 그랬듯이 깊은 절망을 느꼈다.

내가 글을 쓰는 이 순간 또 어느 한 종이 전체적으로 멸종하고, 당신이 이 글을 읽는 이 순간 어느 산은 흔적 없이 지워지고, 근시적인 산업 발전의 기계들 아래에 눌려 둘도 없는 야생은 신음을 낸다. 지구의 회생에 관한 바울의 강력한 글에 대한 설교를 끝 맞춘 후, 지금 당신에게 전하는 말을 당시의 청중에게도 전했다. 바울이 우리 곁에 살아 있었다면 아마 격려의 말을 건넸을 것이다.

우리의 노력이 세계 전체도 그렇듯이, 좌절 아래 놓인 듯하더라도, 애초에 희망이 있었기에 좌절 아래 놓였다는 사실을 알아라. 실패할 수 없는 계획을 위한 희망, 하나님이 그의 목표를 위한 우리들의 노력에 권능을 부여하고 이 노력을 지지하고, 우리의 대변자이신 하나님이 그의 사람들의 뒤를 받쳐 주실 것이라는 희망 말이다.

그리하여 이 일을 착수한 당신은, 기독교인의 삶의 전면이 그렇듯이, 볼 수 없는 것을 희망하고 인내를 갖춘 채 목표를 이루기 위해 간절히 (일하고) 기다리는 우리이다. 내 친구이자 동료인 윤리학자 폴 크리스틴이 자주 썼던 표현이 생각난다.

"암흑에 대항하는 작은 행동."

그것이 당신의 과제이다. 작은 행동 하나하나 전부가 중요하다.

1. 환경 제자도: 행동하고 싶다면 이렇게

다음의 표를 둘러봐 이번 주에 시작할 수 있는 일 한 가지를 선택하라. 다음 달에는 한 가지 더 실행할 것에 도전하라.

쉬운 것부터 점차 나아가자.

1) 정보를 수집하라

책임감 있는 환경 단체에 가입하라. 이렇게 하면 당신은 당신의 재원의 일부를 당신의 과제에 투자할 수 있고 그들이 당신에게 정보를 제공해줄 것이다. 내가 추천하는 단체는 시에라클럽(Sierra Club)과 네이쳐컨서번시(Nature Conservancy)이다. 동물 애호회와 야생 생물 보호단체(Defenders of Wildlife)는 생물의 보호에 특화하는 단체들이다. 지역 지부도 확인하라.

2) 당신의 신뢰할 수 있는 정보에 기반해 투표하라

시에라클럽 잡지의 이점 중 하나는 투표 시즌마다 지역의 의원들에 관한 기사가 출제된다는 것이다. 당연히 추천되는 국회의원들 모두가 마음에 들지는 않지만, 확실히 누구를 투표할지 정하는 데에는 큰 도움이 된다. 직접 국회의원들에게 연락을 건네는 것에도 도움이 된다.

3) 재원을 이용해 투표하라

당신의 구매 경향은 다른 그 어느 활동보다 산업에 큰 영향을 미친다. 당신이 살 식탁에 사용된 나무가 어떻게 토벌된 어떤 나무인지,

먹을 고기는 어디서 났는지, 당신의 투자 포트폴리오가 어떤지도 고려 사항이다.

(1) 최대한 유기농 제품과 재활용 제품을 구매하라. 이렇게 하면 농업 산업계는 소비자인 당신이 인도적으로 생산된 제품을 원한다는 사실을 알게 된다. '방목'(free range), '목초'(grass fed), '인도적으로 길러짐'(humanely raised) 등의 표시들을 의식하라.

(2) '우리에서 벗어남'(cage free)뿐만 아니라 '방목' 닭이 낳은 달걀을 구매하라. 이렇게 하면 당신이 우리가 먹는 달걀을 낳는 닭들이 어떤 삶을 사는지에 대해 관심을 둔다는 사실을 전달할 수 있다. 동물 애호회의 홈페이지를 통해 추가적인 정보를 확인하라 (humanesociety.org/issues/confinement_farm/facts/battery_cages.html).

(3) '포장제 절감'(reduced packaging) 제품을 구매하라. 보장제가 줄어들었다는 것은 가공 처리가 줄어들었다는 뜻이고 폐기물, 쓰레기가 줄어들었다는 뜻이며 폐기물의 처리에 토지와 자원이 투자되지 않는 것을 부추길 수 있다.

4) 어디서 어떻게 책임감 있는 분리 수거 방법을 배워라. 정보는 인터넷에 간단히 찾을 수 있을 것이다. 2013년, 미국인들은 2억 5천 4백만 톤의 쓰레기를 생산했고 이 중 8천 7백만 톤 정도를 재활용했다. 34.3퍼센트의 재활용률인 것이다(지자체 고체 폐기물, 미국환경보호국).

5) 가정 폐기물의 18퍼센트 정도는 퇴비를 만들 수 있는 폐기물이므로 당신의 뒷마당 일부를 과일과 채소 쓰레기를 버리는 용도로 보류할 것을 고려하라.

우리 가족의 경우 육류를 제외한 모든 것을 재활용한다.

6) 당신의 학교/교회/회사가 적극적으로 분리 수거에 참여하는지 확인하라. 참여하지 않는다면 도움을 건네라. 슈레드-잇(Shred-it)은 아직도 문서 파쇄 및 종이 재활용 분야에서 최고의 회사로 남아 있다(shredit.com).

7) 지역에 야생 생물의 재활을 담당하는 단체가 있는 인터넷을 통해 확인하라. 전화 번호를 확인하고 후원도 고려하라. 아침 산책하다 발견한 기름으로 듬뿍 젖은 아비 새를 그런 단체에 넘긴 바, 아비 새는 이제 안전한 상태로 회복됐다.

8) 개인적인 방, 집, 회사에서의 에너지 소비량에 신경을 써라. 작은 변화는 큰 결과를 초래한다. 지역의 전기 기관과의 상담을 신청해도 좋다. 여름에는 커튼을 드리우는 것이나, 창문과 대문의 틈새를 메우거나 LED 등을 사용하는 등 간단한 행동들은 대량의 에너지를 절연할 수 있다. 실내 온도가 3도만 높아도 난방비 및 에너지 소비량과 그에 따른 이용료가 10퍼센트나 절감될 수 있다.

(1) 태양 전자 판을 빌릴 수 있다는 것을 알고 있었는가?

(2) 빨랫줄이 얼마나 좋은지 기억하는가?

9) 자동차를 관리하라. 가정 내 화석연료 최대 소비원은 아마 자동차일 것이다. 차의 크기, 운전 거리, 최신의 부품들, 등은 큰 변화를 일으킨다. 더 작고, 더 적은 수의, 더 좋은 연비를 갖춘 차를 구매하라. 손자들과 적금 통장이 감사할 것이다.

10) 공동체 지원 농업 단체(community supported agriculture group)에 등록하라. 공동체 지원 농업 단체에 가입함으로써 당신은 어느 농가에서 경제적인 틈새를 제공하고 환경친화적인 농경을 지지하게 되며 당신의 가정의 건강을 지킬 수 있게 된다. 그냥 구글에다 'CSA'라던가 '공동체 지원 농업 단체'를 쳐서 근처에 있는 공동체 지원 농업 단체에서 신선하고 지역적인 농작물을 주문하라.

11) 뒷마당을 관리하는 데 화학 관리 서비스를 철회하고 농약의 사용에는 충분히 조심하라. 먹이 사슬에서의 화학 물질과 인간의 암은 명확히 연결돼 있다. 뒷마당을 꾸미고 설탕통을 개미로부터 지켜 내기 위해서는 가든즈얼라이브(Gardens Alive, gardensalive.com)와 같은 서비스를 고려하라.

12) 뒷마당에는 토종의 나무와 식물 종을 심어라. 토종의 식물들은 더 빠르고 수활하게 성장한다. 요구하는 물도 적고 지역의 유해 동물과 질병에 강하며 야생 동물들을 유인한다.

13) 뒷마당에서의 물 소비량을 생각하라.

(1) 식물들에 물을 주는 데에는 타이머가 걸린 호스를 밤에 작동시키는 것이 가장 좋다.
(2) 스프링클러를 낮에 사용하는 것은 증발 때문에 그다지 효율적이지 않다.
(3) 낙수구 가장자리에는 빗물 통을 설치할 것을 고려하라.

14) 낸시 슬리스의 *Go Green, Save Green: A Simple Guide to Saving Time, Money, and God's Green Earth*를 읽어라. 아마존에서 이북으로 제공된다. 첫 두 장과 "교회"(Church) 장은 Blessed Earth 웹페이지(blessedearth.org)의 'church resources'란에서 찾을 수 있다.

15) 하나님의 뜻을 전파하면서 각 지역의 토종 생태계를 복원하는 환경 중심적인 선교 단체를 지지하라. 의미있는식물심기(plantwithpurpose.org)나 레드아일랜드복원(redislandrestoration.com)은 당신이 주목할 만한 가치가 있는 단체들이다.

16) 목회자나 교회에서 '녹색 단체'를 형성하고 싶으신가요?

(1) 교회는 각종의 자원들을 사용하는 거대한 단체임을 기억하라. 그러나 교회의 건축 의원회나 목사들이 지속 가능한 에너지 사용이나 토종 식물들, 수자원 보호, 재활용 등에 관한 교육을 받

는 경우는 적다. 이 문제들은 예배 모임이 만들어질 때 정해져야 한다. 도움을 건네는 사람이 되어라.

(2) Blessed Earth는 <*Serving God, Saving the Planet*>이라는 성경학에 기초한 환경에 대한 12매 분량의 DVD 시리즈를 제공한다. 매튜 슬리스와 낸시 슬리스는 환경 보호 활동을 이어간 몇 년 동안 이 시리즈가 개인적, 교회의 그리고 공동체 단위에서 변화를 불러 올 가장 효과적인 방법이라 말한다(blessedearth.org).

참고 문헌

BOOKS AND ARTICLES

Allen, James A. "Reforestation of Bottomland Hardwoods and the Issue of Woody Species Diversity." *Restoration Ecology* 5, no. 2 (June 1997): 125-34.

Allen, Susan. "4 Modern Milking Parlor Designs." Dairy Discovery Zone. December 13, 2017. www.dairydiscoveryzone.com/blog/4-modern-milking-parlor-designs.

Alliance for Appalachia. *Mountaintop Removal Facts*. Booklet. End Mountaintop Removal Lobby Week, March 2009.

American Farmland Trust. "Farms Under Threat." https://www.farmland.org/initiatives/farms-under-threat.

American Society for the Prevention of Cruelty to Animals (ASPCA). "Animals on Factory Farms." www.aspca.org/animal-cruelty/farm-animal-welfare/animals-factory-farms.

———. "A Growing Problem: Selective Breeding in the Chicken Industry; The Case for Slower Growth." www.aspca.org/sites/default/files/chix_white_paper_nov2015_lores.pdf.

———. "What Is Ag-Gag Legislation?" www.aspca.org/animal-protection/public-policy/what-ag-gag-legislation.

Anand, Ash. "Vietnam's Horrific Legacy: The Children of Agent Orange." *News Corp Australia*. May 25, 2015. www.news.com.au/world/asia/vietnams-horrific-legacy-the-children-of-agent-orange/news-story/c008ff36ee3e840b005405a55e21a3e1.

Animal and Plant Health Inspection Service of the USDA. "Overview of U.S. Livestock, Poultry, and Aquaculture Production in 2010 and Statistics on Major Commodities." www.aphis.usda.gov/animal_health/nahms/downloads/Demographics2010_rev.pdf.

Arnold, Bill T. and Bryan E. Beyer, eds. *Readings from the Ancient Near East: Primary Sources for Old Testament Study*. Grand Rapids: Baker Academic, 2002.

Baer, Richard A., Jr. "The Church and Man's Relationship to His Natural Environment." *Quaker Life*, January 1970.

Baker, John Austin. "Biblical Views of Nature." In *Liberating Life: Contemporary Approaches to Ecological Theology*. Edited by Charles Birch, William Eakin, and Jay B. McDaniel, 9-26. Maryknoll, NY: Orbis, 1990.

Barclay, Eliza. "'Piglet Smoothie' Fed to Sows to Prevent Disease; Activists Outraged." NPR. *The Salt*. February 20, 2014. www.npr.org/sections/thesalt/2014/02/20/280183550/piglet-smoothie-fed-to-sows-to-prevent-disease-activists-outraged.

Barringer, Felicity. "Endangered Species Act Faces Broad New Challenges." *New York Times*. June 26, 2005. www.nytimes.com/2005/06/26/politics/endangered-species-act-faces-broad-new-challenges.html.

Bauckham, Richard J. "Jesus and the Wild Animals (Mark 1:13): A Christological Image for an Ecological Age." In *Jesus of Nazareth: Essays on the Historical Jesus and New Testament Christology*. Edited by Joel B. Green and Max Turner, 3-21. Grand Rapids: Eerdmans, 1994.

———. *Jude, 2 Peter*. Word Biblical Commentary 50. Waco, TX: Word, 1983.

Beale, G. K. *The Book of Revelation*. New International Greek Testament Commentary. Grand Rapids: Eerdmans, 1999.

———. "The Eschatological Concept of New Testament Theology." In *"The Reader Must Understand": Eschatology in Bible and Theology*, edited by K. E. Brower and M. W. Elliott, 11-52. Leicester, UK: Inter-Varsity Press, 1997.

Berkes, Howard et al. "An Epidemic Is Killing Thousands of Coal Miners. Regulators Could Have Stopped It." *All Things Considered*. December 18, 2018. www.npr.org/2018/12/18/675253856/an-epidemic-is-killing-thousands-of-coal-miners-regulators-could-have-stopped-it.

Berry, Wendell. *The Unsettling of America: Culture and Agriculture*. 3rd ed. San Francisco: Sierra Club Books, 1996.

Blenkinsopp, Joseph. "The Family in First Temple Israel." In Leo G. Perdue et al., *Families in Ancient Israel*, 48-103. The Family, Religion, and Culture. Louisville, KY: Westminster John Knox, 1997.

Blocher, Henri. *In the Beginning: The Opening Chapters of Genesis*. Downers Grove, IL: InterVarsity Press, 1984.

Block, Daniel I. "All Creatures Great and Small: Recovering a Deuteronomic Theology of Animals." In *The Old Testament in the Life of God's People: Essays in Honor of Elmer A. Martens*, edited by J. Isaak, 200-236. Winona Lake, IN: Eisenbrauns, 2009.

———. "Toward a Biblical Understanding of Humanity's Responsibility in the Face of the Biodiversity Crisis." In *Keeping God's Earth: The Global Environment in Biblical Perspective*, edited by Noah J. Toly and Daniel I. Block, 116-40. Downers Grove, IL: InterVarsity Press, 2010.

Blumenthal, Ralph. "Veterans Accept $180 Million Pact on Agent Orange." *New York Times*. June 16, 2019. www.nytimes.com/1984/05/08/nyregion/veterans-accept-180-million-pact-on-agent-orange.html.

Borowski, Oded. *Agriculture in Iron Age Israel*. Boston: American Schools of Oriental Research, 2002.

———. *Daily Life in Biblical Times*. Archaeology and Biblical Studies 5. Atlanta: Society of Biblical Literature, 2003.

———. *Every Living Thing: The Daily Use of Animals in Ancient Israel*. Lanham, MD: AltaMira, 1999.

Breniquet, Catherine and Cécile Michel, eds. *Wool Economy in the Ancient Near East and the Aegean: From the Beginnings of Sheep Husbandry to Institutional Textile Industry*. Ancient Textile Series 17. Oxford: Oxbow, 2014.

Brinded, Lianna. "The 29 Cities with the Worst Quality of Life in the World." *Business Insider*. March 1, 2016. www.businessinsider.com/mercers-quality-of-living-index-worst-cities-2016-3.

Broom, D. M., M. T. Mendl, and A. J. Zanella. "A Comparison of the Welfare of Sows in Different Housing Conditions." *Animal Science* 61 (1995): 369-85.

Bruggers, James. "Mountaintop Mining Is Destroying More Land for Less Coal, Study Finds." *InsideClimate News*. July 26, 2018. https://insideclimatenews.org/news/25072018/appalachia-mountaintop-removal-coal-strip-mining-satellite-maps-environmental-impacts-data.

Brumm, Mike. "Wean-to-Finish Systems: An Overview." National Hog Farmer. October 1, 1999. www.nationalhogfarmer.com/mag/farming_weantofinish_systems_overview.

Case, Riley. "In Celebration of Martin Luther and 500 Years of Evangelical Faith." *ENTOS Newsletter* vol. 23, November 2017.

Christensen, Duane L. *Deuteronomy 21:10–34:12*. Word Biblical Commentary. Nashville: Thomas Nelson, 2002.

Coblentz, Bonnie A. "Black Bear Numbers Rising in Mississippi." Mississippi State University Extension, July 28, 2005. http://extension.msstate.edu/news/feature-story/2005/black-bear-numbers-rising-mississippi.

Cole, Steven W. "The Destruction of Orchards in Assyrian Warfare." In *Assyria 1995: Proceedings of the 10th Anniversary Symposium of the Neo-Assyrian Text Corpus Project Helsinki, September 7-11, 1995*, edited by S. Parpola and R. M. Whiting. Helsinki: The Neo-Assyrian Text Corpus Project, 1997.

Collins, Kenneth J. *The Scripture Way of Salvation: The Heart of John Wesley's Theology*. Nashville: Abingdon, 1997.

Columbia Water Center. Earth Institute Columbia University. "Punjab, India." http://water.columbia.edu/research-projects/india/punjab-india/.

Dahl, Gudrun and Anders Hjort. *Having Herds: Pastoral Herd Growth and Household Economy*. Stockholm Studies in Social Anthropology 2. Stockholm: Dept. of Social Anthropology, University of Stockholm, 1976.

Danker, Frederick W., et al. *Greek-English Lexicon of the New Testament and Other Early Christian Literature*. 3rd ed. Chicago: University of Chicago Press, 2000.

Derr, Thomas Sieger. *Environmental Ethics and Christian Humanism*. Abingdon Press Studies in Christian Ethics and Economic Life. Nashville: Abingdon, 1996.

Donin, Rabbi Hayim Halevy. *To Be a Jew: A Guide to Jewish Observance in Contemporary Life*. New York: Basic Books, 1972.

Dunn, James D. G. *Romans 1–8*. Word Biblical Commentary 38A. Nashville: Thomas Nelson, 1988.

———. *A Theology of Paul the Apostle*. Grand Rapids: Eerdmans, 1998.

Dwernychuk, Wayne. "Agent Orange and Dioxin Hot Spots in Vietnam." Persistent Organic Pollutants Toolkit. www.popstoolkit.com/about/articles/aodioxinhotspotsvietnam.aspx.

Erickson, Millard. *Christian Theology*. Grand Rapids: Baker, 1987.

Eyre, Christopher. "The Agricultural Cycle, Farming and Water Management in the Ancient Near East." In vol. 1 of *Civilizations of the Ancient Near East*, edited by Jack M. Sasson, 175-89. 1995. Repr., Peabody, MA: Hendrickson, 2006.

Farm Families of Mississippi. "Mississippi's Heritage. Mississippi's Future." https://growingmississippi.org/agriculture-in-mississippi/.

Faust, Avraham. *The Archaeology of Israelite Society in Iron Age II*. Winona Lake, IN: Eisenbrauns, 2012.

———. "Cities, Villages, and Farmsteads: The Landscape of Leviticus 25.29-31." In *Exploring the Longue Durée: Essays in Honor of Lawrence E. Stager*, edited by J. David Schloen, 103-12. Winona Lake, IN: Eisenbrauns, 2009.

Feldmann, Terry. "Equipment, Facility Designs." National Hog Farmer. October 1, 1999. www.nationalhogfarmer.com/mag/farming_equipment_facility_designs.

Feuerbach, Ludwig. *The Essence of Christianity*. New York: Harper & Row, 1957.

Finch, Virginia A., et al. "Why Black Goats in Hot Deserts? Effects of Coat Color on Heat Exchanges of Wild and Domestic Goats." *Physiological Zoology* 53, no. 1 (1980): 19-25.

Food and Agriculture Organization of the United Nations. "Mixed Crop-Livestock Farming: A Review of Traditional Technologies Based on Literature and Field

Experience." FAO Animal Production and Health Papers 152. www.fao.org/3/Y0501E/y0501e00.htm#toc.

Frame, Grant, ed. *Rulers of Babylonia from the Second Dynasty of Isin to the End of Assyrian Domination (1157–612 BC)*. The Royal Inscriptions of Mesopotamia, Babylonian Periods 2. Toronto: University of Toronto Press, 1995.

Gadd, C. J. *The Assyrian Sculptures*. The British Museum. London: Harrison & Sons, 1934.

Gaud, William Gaud. "The Green Revolution: Accomplishments and Apprehensions." AgBioWorld. March 8, 1968. www.agbioworld.org/biotech-info/topics/borlaug/borlaug-green.html.

Glick, Daniel. "Putting the 'Public' Back in Public Lands: An Open Letter to the Next President." *National Wildlife*. October/November, 2008.

GlobalSecurity.org. "Poverty." www.globalsecurity.org/military/world/haiti/poverty.htm.

Goodman, Jim. "Dairy Farming Is Dying. After 40 Years, I'm Done." *Washington Post*. December 21, 2018. www.washingtonpost.com/outlook/dairy-farming-is-dying-after-40-years-im-out/2018/12/21/79cd63e4-0314-11e9-b6a9-0aa5c2fcc9e4_story.html?utm_term=.d4192c32708c.

Gottlieb, Robert. *This Sacred Earth: Religion, Nature, Environment*. New York: Routledge, 1996.

Griffiths, Philip Jones. *Agent Orange: Collateral Damage in Vietnam*. London: Trolley, 2004.

Hahn, Jonathan, "The Tragedy and Wonder of Louisiana's Wetlands: Photographer Ben Depp Uses a Paraglider to Document a Fading Ecosystem." Sierra Club. www.sierraclub.org/sierra/slideshow/tragedy-and-wonder-louisiana-s-wetlands.

Hasel, Michael. *Military Practice and Polemic: Israel's Laws of Warfare in Near Eastern Perspective*. Berrien Springs, MI: Andrews University Press, 2005.

Heschel, Abraham. *The Sabbath: Its Meaning for Modern Man*. New York: Farrar, Straus & Giroux, 1951.

Hesse, Brian. "Animal Husbandry and Human Diet in the Ancient Near East." In vol. 1 of *Civilizations of the Ancient Near East*, edited by Jack M. Sasson, 203-22. 1995. Repr., Peabody, MA: Hendrickson, 2006.

History. "Agent Orange." August 2, 2011. www.history.com/topics/vietnam-war/agent-orange-1.

Holthaus, Eric. "Climate Change Blues." *Sierra*, March/April 2018.

Hopkins, David C. "The Dynamics of Agriculture in Monarchical Israel." In *Society of Biblical Literature 1983 Seminar Papers*, edited by Kent Harold Richards, 177-202. Chico, CA: Scholars Press, 1983.

———. *The Highlands of Canaan: Agricultural Life in the Early Iron Age*. Social World of Biblical Antiquity 3. Decatur, GA: Almond, 1985.

———. "Life on the Land: The Subsistence Struggles of Early Israel." *Biblical Archaeologist* 50 (1987): 178-91.

Humane Society of the United States. "Cage-Free vs. Battery-Cage Eggs." www.humanesociety.org/resources/cage-free-vs-battery-cage-eggs.

———. "An HSUS Report: Welfare Issues with Gestation Crates for Pregnant Sows." February 2013. www.humanesociety.org/sites/default/files/docs/hsus-report-gestation-crates-for-pregnant-sows.pdf.

———. "Shocking Animal Abuse Uncovered at Country's Second Largest Chicken Producer." Press release. June 27, 2017. www.humanesociety.org/news/shocking-animal-abuse-uncovered-countrys-second-largest-chicken-producer.
iLoveMountains.org. "Farewell to Larry Gibson, an Appalachian Hero." September 12, 2012. http://ilovemountains.org/news/3185.
———. "What Is Mountaintop Removal Coal Mining?" http://ilovemountains.org/resources.
India Population 2019. "Population of India 2019, Most Populated States." www.indiapopulation2019.in.
Jacobsen, Thorkild, and Robert M. Adams. "Salt and Silt in Ancient Mesopotamian Agriculture." *Science* 128 (1958): 1251-58.
King, Philip J., and Lawrence E. Stager. *Life in Biblical Israel*. Louisville, KY: Westminster John Knox, 2001.
Kinsley, David. *Ecology and Religion*. Englewood Cliffs, NJ: Prentice-Hall, 1994.
Kirshenbaum, Noam. *Mammals of Israel: A Pocket Guide to Mammals and Their Tracks*. Nature in Israel Series. The National Parks Authority, 2005.
Kline, Meredith G. *Kingdom Prologue: Genesis Foundations for a Covenantal Worldview*. Eugene, OR: Wipf & Stock, 2006.
Koehler, Ludwig, Walter Baumgartner, and Johann J. Stamm. *The Hebrew and Aramaic Lexicon of the Old Testament*. Translated and edited under the supervision of Mervyn E. J. Richardson. 4 vols. Leiden: Brill, 1994-1999.
Kohli, Deepali Singhal, and Nirvikar Singh. "The Green Revolution in Punjab, India: The Economics of Technological Change." Paper presented at Agriculture of the Punjab conference at the Southern Asian Institute, Columbia University. April 1, 1995; revised September 1997. http://people.ucsc.edu/~boxjenk/greenrev.pdf.
Kraus, Clifford. "Shareholders Approve Massey Energy Sale to Alpha." *New York Times*. June 11, 2011. www.nytimes.com/2011/06/02/business/02coal.html.
Ladd, George E. "Apocalyptic." In *Evangelical Dictionary of Theology*. 2nd ed. Edited by Walter A. Elwell. Grand Rapids: Baker, 2001.
Ladizinsky, Gideon. "Origin and Domestication of the Southwest Asian Grain Legumes." In *Foraging and Farming: The Evolution of Plant Exploitation*, edited by David R. Harris and Gordon C. Hillman, 374-89. London: Unwin Hyman, 1989.
Laniak, Timothy S. *Shepherds After My Own Heart: Pastoral Traditions and Leadership in the Bible*, New Studies in Biblical Theology 20. Downers Grove, IL: InterVarsity Press, 2006.
———. *While Shepherds Watch Their Flocks: Forty Daily Reflections on Biblical Leadership*. n.p.: ShepherdLeader Publications, 2007.
Larsen, Timothy. "Defining and Locating Evangelicalism." In *The Cambridge Companion to Evangelical Theology*, edited by Timothy Larsen and Daniel J. Treier, 1-14. Cambridge: Cambridge University Press, 2007.
Lea, John Dale Zach "Charcoal Is Not the Cause of Haiti's Deforestation." *Haïti Liberté*. January 25, 2017. https://haitiliberte.com/charcoal-is-not-the-cause-of-haitis-deforestation/.
Lee, Roberta. "Summer Fun, but Not for Pigs: The Horror of Gestation Crates and Life in a Factory Farm." *Huffington Post*. July 16, 2015. www.huffpost.com/entry/summer-fun-but-not-for-pi_b_7759466.

Li, Yanxia, Zhonghong Wu, Glen Broderick, and Brian Holmes. "Rapid Assessment of Feed and Manure Nutrient Management on Confinement Dairy Farms." *Nutrient Cycling in Agroecosystems* 82, no. 2 (2008): 107-15.

Limaye, Yogita. "Will Organic Revolution Boost Farming in India?" *BBC News*. September 24, 2018. www.bbc.com/news/av/business-45605018/will-organic-revolution-boost-farming-in-india.

Lovaas, Deron. "Measuring Suburban Sprawl." National Resource Defense Council. April 2, 2014. https://www.nrdc.org/experts/deron-lovaas/measuring-suburban-sprawl.

Luckenbill, Daniel David, ed. *Ancient Records of Assyria and Babylonia*. Chicago: University of Chicago Press, 1926–1927. Repr., New York: Greenwood, 1968.

MacDonald, Nathan. *What Did the Ancient Israelites Eat? Diet in Biblical Times*. Grand Rapids: Eerdmans, 2008.

Maeir, Aren M., Oren Ackermann, and Hendrik J. Bruins. "The Ecological Consequences of a Siege: A Marginal Note on Deuteronomy 20:19-20." In *Confronting the Past: Archaeological and Historical Essays on Ancient Israel in Honor of William G. Dever*. Edited by Seymour Gitin, J. Edward Wright, and J. P Dessel, 239-43. Winona Lake, IN: Eisenbrauns, 2006.

Martini, Edwin. *Agent Orange: History, Science, and the Politics of Uncertainty*. Boston: University of Massachusetts Press, 2012.

McBride, S. Dean. "Polity of the Covenant People: The Book of Deuteronomy." In *A Song of Power and the Power of Song: Essays on the Book of Deuteronomy*, edited by Duane L. Christensen, 62-77. Winona Lake, IN: Eisenbrauns, 1993.

McClintock, Nathan C. "Agroforestry and Sustainable Resource Conservation in Haiti: A Case Study." 2003. http://works.bepress.com/nathan_mcclintock/14/.

McConville, J. Gordon. *Deuteronomy*. Apollos Old Testament Commentaries 5. Leicester, UK: Inter-Varsity Press, 2002.

McDowell, Catherine. *The Image of God in the Garden of Eden: The Creation of Humankind in Genesis 2:5–3:24 in Light of the* mīs pî, pīt pî, *and* wpt-r *Rituals of Mesopotamia and Ancient Egypt*. Siphrut 15. Winona Lake, IN: Eisenbrauns, 2015.

McKenna, Maryn. "By 2020, Male Chicks May Avoid Death by Grinder." *National Geographic*. June 13, 2016. www.nationalgeographic.com/people-and-culture/food/the-plate/2016/06/by-2020--male-chicks-could-avoid-death-by-grinder/.

Meyers, Carol. "The Family in Early Israel." In *Families in Ancient Israel*, edited by Leo G. Perdue et al., 1-47. The Family, Religion, and Culture. Louisville, KY: Westminster John Knox, 1997.

Milgrom, Jacob. *Leviticus: A Book of Ritual and Ethics*. Continental Commentaries. Minneapolis: Fortress, 2004.

Military Wikia. "Agent Orange." https://military.wikia.org/wiki/Agent_Orange.

Miller, Patrick D. *Chieftains of the Highland Clans: A History of Israel in the 12th and 11th Centuries B.C.* Grand Rapids: Eerdmans, 2005.

———. "Complex Chiefdom Model." In *Chieftains of the Highland Clans: A History of Israel in the 12th and 11th Centuries B.C*, 6-28. Grand Rapids: Eerdmans, 2005.

———. *The Religion of Ancient Israel*. Louisville, KY: Westminster John Knox, 2000.

Mississippi Department of Agriculture and Commerce. "Mississippi Agriculture Overview." www.mdac.ms.gov/agency-info/mississippi-agriculture-snapshot/.

Mississippi Wildlife, Fisheries, and Parks. "Range, Movements and Sightings." www.mdwfp.com/wildlife-hunting/black-bear-program/mississippi-black-bear-ecology/range-movements-and-sightings/.

Montgomery, David R. *Dirt: The Erosion of Civilizations.* Berkeley: University of California Press, 2007.

Moo, Douglas J. "Nature in the New Creation: New Testament Eschatology and the Environment." *Journal of the Evangelical Theological Society* 49, no. 3 (2006): 449-88.

———, and Jonathan A. Moo. *Creation Care: A Biblical Theology of the Natural World.* Grand Rapids: Zondervan, 2018.

Morello, Carol. "Child's Death by Mine Boulder Sets Off Avalanche of Rage." *Chicago Tribune*. January 5, 2005. www.chicagotribune.com/news/ct-xpm-2005-01-09-0501090359-story.html.

Muir, Patricia S. "Consequences for Organic Matter in Soils." http://people.oregonstate.edu/~muirp/orgmater.htm.

Murray, John. *The Epistle to the Romans.* New International Commentary on the New Testament. Grand Rapids: Eerdmans, 1968.

Na, Danny, and Tom Polansek. "U.S. Hogs Fed Pig Remains, Manure to Fend Off Deadly Virus Return." *Scientific American.* www.scientificamerican.com/article/u-s-hogs-fed-pig-remains-manure-to-fend-off-deadly-virus-return/.

Nam, Roger S. *Portrayals of Economic Exchange in the Book of Kings.* Biblical Interpretation Series 112. Leiden: Brill, 2012.

National Agricultural Statistics Service. *Quarterly Hogs and Pigs.* July 27, 2019. www.nass.usda.gov/Publications/Todays_Reports/reports/hgpg0619.pdf.

———. "United States Hog Inventory Up 2 Percent." Accessed June 16, 2019. www.nass.usda.gov/Newsroom/2018/12-20-2018.php.

National Park Service. "The Story of the Teddy Bear." Last updated February 16, 2019. www.nps.gov/thrb/learn/historyculture/storyofteddybear.htm.

Nelson, Michael Paul. "The Long Reach of Lynn White Jr.'s 'The Historical Roots of Our Ecologic Crisis.'" *Ecology and Evolution.* December 13, 2016. https://natureecoevocommunity.nature.com/users/24738-michael-paul-nelson/posts/14041-the-long-reach-of-lynn-white-jr-s-the-historical-roots-of-our-ecologic-crisis.

Nelson, Richard. *Deuteronomy.* Old Testament Library. Louisville, KY: Westminster John Knox, 2002.

Nicoletti, Kimberly. "The Aftermath of Agent Orange: Local Woman Forms Nonprofit to Aid Affected Children." Vietnam Agent Orange Relief and Responsibility Campaign. January 14, 2006. www.vn-agentorange.org/aspen_20060114.html.

North Carolina Farm Families. "The Facts." https://ncfarmfamilies.com/thefacts/.

Oklahoma State University. Department of Animal Science. "Breeds of Livestock—Anatolian Black Goats." www.ansi.okstate.edu/breeds/goats/anatolianblack.

———. Department of Animal Science. "Breeds of Livestock—Awassi Sheep." www.ansi.okstate.edu/breeds/sheep/awassi.

Otzen, Benedikt. "Israel Under the Assyrians." In *Power and Propaganda, Mesopotamia* 7, edited by M. T. Larsen, 251-62. Copenhagen: Akademisk Forlag, 1979.

Palmer, M. A., et al. "Mountaintop Mining Consequences." *Science* 327, no. 5962 (2010): 148-49. https://science.sciencemag.org/content/327/5962/148.

Paul, Shalom M. and William G. Dever. *Biblical Archaeology*. New York: Quadrangle & New York Times, 1974.
"PBS Moyers on America, Is God Green 2006 TVRip SoS." YouTube. Uploaded December 31, 2016 by Andre Emile. www.youtube.com/watch?v=jwMsDVVahTA.
Pepper, Daniel. "The Toxic Consequences of the Green Revolution." *U.S. News and World Report*. July 7, 2008. www.usnews.com/news/world/articles/2008/07/07/the-toxic-consequences-of-the-green-revolution.
Plant with Purpose. "Scott Sabin." https://plantwithpurpose.org/our_team/scott-sabin.
Pollan, Michael. "An Open Letter to the Next Farmer in Chief." *New York Times Magazine*, October 12, 2008. www.nytimes.com/2008/10/12/magazine/12policy-t.html.
Polycarpou, Lakis. "'Small Is Also Beautiful'—Appropriate Technology Cuts Rice Farmers' Water Use by 30 Percent in Punjab India." *State of the Planet* (blog). Columbia University Earth Institute. November 17, 2010. https://blogs.ei.columbia.edu/2010/11/17/"small-is-also-beautiful"---appropriate-technology-cuts-rice-famers'-water-use-by-30-percent-in-punjab-india/.
Powell, Marvin A. "Salt, Seed, and Yields in Sumerian Agriculture: A Critique of the Theory of Progressive Salinization." *Zeitschrift für Assyriologie und Vorderasiatische Archäologie* 75 (1985): 7-38.
Pritchard, James B., ed. *Ancient Near Eastern Texts Relating to the Old Testament*. 3rd ed. Princeton: Princeton University Press, 1969.
Reece, Erik. "Mountaintop-Removal Mining Is Devastating Appalachia, but Residents Are Fighting Back." *Grist*, February 17, 2006. www.grist.org/news/maindish/2006/02/16/reece.htm.
Renfrew, Jane. "Vegetables in the Ancient Near Eastern Diet." In *Civilizations of the Ancient Near East*, edited by Jack M. Sasson, 191-202. 1995. Repr., Peabody, MA: Hendrickson, 2006.
Richter, Sandra L. "The Archaeology of Mt. Ebal and Mt. Gerizim and Why It Matters." In *Sepher Torath Mosheh: Studies in the Composition and Interpretation of Deuteronomy*, edited by Daniel I. Block and Richard L. Schultz, 311-37. Peabody, MA: Hendrickson, 2017.
———. "The Bible and American Environmental Practice: An Ancient Code Addresses a Current Crisis." In *The Bible and the American Future*, edited by Robert Jewett with Wayne L. Alloway Jr. and John G. Lacey, 108-29. Eugene, OR: Cascade, 2009.
———. "A Biblical Theology of Creation Care: Is Environmentalism a Christian Value?" *The Asbury Journal* 62, no. 1 (2007): 67-76.
———. *The Deuteronomistic History and the Name Theology: lᵉšakkēn šᵉmô šām in the Bible and the Ancient Near East*. Beihefte zur Zeitschrift für die alttestamentliche Wissenschaft 318. Berlin: de Gruyter, 2002.
———. "Eighth-Century Issues: The World of Jeroboam II, the Fall of Samaria, and the Reign of Hezekiah." In *Ancient Israel's History: An Introduction to Issues and Sources*, edited by Bill T. Arnold and Richard S. Hess. Grand Rapids: Baker Academic, 2014.
———. "Environmental Law in Deuteronomy: One Lens on a Biblical Theology of Creation Care." *Bulletin for Biblical Research* 20, no. 3 (2010): 331-54.
———. "Environmental Law: Wisdom from the Ancients." *Bulletin for Biblical Research* 24, no. 3 (2014): 307-29.

———. "Environmentalism and the Evangelical: Just the Bible for Those Justly Concerned." *Westmont Magazine*, Spring 2019.

———. *The Epic of Eden: A Christian Entry into the Old Testament*. Downers Grove, IL: IVP Academic, 2008.

———. *The Epic of Eden: Isaiah*. One Book. Franklin, TN: Seedbed, 2016.

———. "The Place of the Name in Deuteronomy." *Vetus Testamentum* 57 (2007): 342-66.

———. "The Question of Provenance and the Economics of Deuteronomy." *Journal for the Study of the Old Testament* 42 (2017): 23-50.

———. "Religion and the Environment." In *Handbook of Religion: A Christian Engagement with Traditions, Teachings, and Practices*, edited by Terry C. Muck, Harold A. Netland, and Gerald R. McDermott, 746-55. Grand Rapids: Baker Academic, 2014.

———. "The Servant and the Idol." In *The Epic of Eden: Isaiah*, 119-38. One Book. Franklin, TN: Seedbed, 2016.

Robinson, Julian. "You Have to See this Saw!" *Daily Mail*. January 28, 2015. www.dailymail.co.uk/news/article-2929726/You-saw-Incredible-45-000-ton-machine-4-500-tons-coal-blade-size-four-storey-building.html.

Rosen, Baruch. "Subsistence Economy in Iron Age I." In *From Nomadism to Monarchy: Archaeological and Historical Aspects of Early Israel*, edited by Israel Finkelstein and Nadav Na'aman, 339-51. Jerusalem: Israel Exploration Society, 1994.

———. "Subsistence Economy of Stratum II." In *'Izbet Ṣarṭah: An Early Iron Age Site Near Rosh Ha'ayin, Israel*. Edited by Israel Finkelstein, 156-85. BAR International Series 299. Oxford: B.A.R., 1986.

Runyon, Luke. "Judge Strikes Down Idaho 'Ag-Gag' Law, Raising Questions for Other States." NPR. August 4, 2015. www.npr.org/sections/thesalt/2015/08/04/429345939/idaho-strikes-down-ag-gag-law-raising-questions-for-other-states.

Sabin, Scott. "Environmental Emigration: The World on Our Doorstep." *Creation Care* 37 (Fall 2008): 37-38.

Sahlins, Marshall D. *Tribesmen*. Englewood Cliffs, NJ: Prentice Hall, 1968.

Sanday, William, and Arthur C. Headlam. *The Epistle to the Romans*. 4th ed. International Critical Commentary. Edinburgh: T&T Clark, 1900.

Santmire, H. Paul. "Partnership with Nature According to the Scriptures: Beyond the Theology of Stewardship." *Christian Scholars Review* 32, no. 4 (2003): 381-412.

Sasson, Aharon. *Animal Husbandry in Ancient Israel: A Zooarchaeological Perspective on Livestock Exploitation, Herd Management and Economic Strategies*. London: Equinox, 2010.

Sasson, Jack. "Should Cheeseburgers Be Kosher?" *Biblical Research* 19 (2008): 40-43, 50-51.

Schlosser, Eric. "Cheap Food Nation," *Sierra*. November/December 2006. https://vault.sierraclub.org/sierra/200611/cheapfood.asp.

———. "Inside the Slaughterhouse." *Frontline*. www.pbs.org/wgbh/pages/frontline/shows/meat/slaughter/slaughterhouse.html.

Scully, Matthew. *Dominion: The Power of Man, the Suffering of Animals, and the Call to Mercy*. New York: St. Martin's Griffin, 2002.

Simek, Stephanie L., et al. "History and Status of the American Black Bear in Mississippi." *Ursus* 23, no. 2 (2012): 159-67.

Smith, Timothy Lawrence. *Revivalism and Social Reform: American Protestantism on the Eve of the Civil War.* New York: Harper & Row, 1965.

Smith, Virginia. *Clean: A History of Personal Hygiene and Purity.* New York: Oxford University Press, 2007.

Smoak, Jeremy. "Building Houses and Planting Vineyards: The Early Inner-Biblical Discourse on an Ancient Israelite Wartime Curse." *Journal of Biblical Literature* 127, no. 1 (2008): 19-35.

Soede, Nicoline M., and Bas Kemp. "Housing Systems in Pig Husbandry Aimed at Welfare; Consequences for Fertility." An abbreviated and updated version of "Reproductive Issues in Welfare Friendly Housing Systems in Pig Husbandry: A Review." *Reproduction in Domestic Animals* 47 Supplement 5 (2012): 51-57.

Speth, Gus. Interviewed by Steve Curwood. WineWaterWatch.org, February 13, 2015. http://winewaterwatch.org/2016/05/we-scientists-dont-know-how-to-do-that-what-a-commentary.

Stager, Lawrence E. "Archaeology of the Family in Ancient Israel." *Bulletin of the American Schools of Oriental Research* 260 (1985): 1-35.

Starrs, Tom. "Fossil Food: Consuming Our Future." Center for Ecoliteracy. June 29, 2009. www.ecoliteracy.org/article/fossil-food-consuming-our-future.

Stocking, Ben. "Agent Orange Still Haunts Vietnam, US." *Washington Post*, June 14, 2007. www.washingtonpost.com/wp-dyn/content/article/2007/06/14/AR2007061401077.html?noredirect=on.

Stone, Lawson G. "Worship as Cherishing YHWH's World in Leviticus." Paper presented at the Annual Meeting of the Institute for Biblical Research. New Orleans, LA, November 21, 2009.

Stott, John. *The Message of Romans: God's Good News for the World.* Leicester, UK: InterVarsity Press, 1994.

Sukhdev, Pavan. "The Economics of Ecosystems and Biodiversity—TEEB." Interim report, May 29, 2008. Overview at EurekAlert! May 29, 2008. www.eurekalert.org/pub_releases/2008-05/haog-teo052908.php.

Swartz, Daniel. "Jews, Jewish Texts, and Nature: A Brief History." In *This Sacred Earth: Religion, Nature, Environment*, edited by Roger S. Gottlieb, 92-109. New York: Routledge, 1996.

Theocharous, Myrto. "Becoming a Refuge: Sex Trafficking and the People of God." *Journal of the Evangelical Theological Society* 59 (2016): 309-22.

Thornton, Tim. "Family of Boy Killed by Boulder Sues." *Roanoke Times Daily Press*. July 6, 2006. www.dailypress.com/news/dp-xpm-20060706-2006-07-06-0607060311-story.html.

Tigay, Jeffrey. *Deuteronomy.* JPS Torah Commentary. Philadelphia: The Jewish Publication Society, 1996.

Tillion, J. P., and F. Madec. "Diseases Affecting Confined Sows: Data from Epidemiological Observations." *Annales de Recherches Vétérinaires, INRA Editions* 15, no. 2 (1984): 195-99.

Truesdale, Al. "Last Things First: The Impact of Eschatology on Ecology." *Perspectives on Science and Christian Faith* 46 (1994): 116-20.

Tyson Foods. "Contract Poultry Farming." www.tysonfoods.com/who-we-are/our-partners/farmers/contract-poultry-farming.

United States Armed Forces Medical Intelligence Center and the United States Defense Intelligence Agency Deputy Directorate for Scientific and Technical Intelligence. *Venomous Snakes of the Middle East Identification Guide.* Department of Defense Intelligence Document DST-1810S-469-91. Fort Detrick, Frederick, MD: Armed Forces Medical Intelligence Center, 1991.

United States Department of Veterans Affairs. "Veterans' Diseases Associated with Agent Orange." www.publichealth.va.gov/exposures/agentorange/diseases.asp.

United States Department of Veteran's Affairs Office of Public and Intergovernmental Affairs. "Over $2.2 Billion in Retroactive Agent Orange Benefits Paid to 89,000 Vietnam Veterans and Survivors for Presumptive Conditions." August 31, 2011. www.va.gov/opa/pressrel/pressrelease.cfm?id=2154.

University of Florida School of Forest Resources and Conservation. "Bottomland Hardwoods." www.sfrc.ufl.edu/extension/4h/ecosystems/bottomland_hardwoods/bottomland_hardwoods_description.pdf.

Ussishkin, David. "On the So-Called Aramaean 'Siege Trench' in Tell e⊠afi, Ancient Gath." *Israel Exploration Journal* 59, no. 2 (2009): 137-57.

Van Houtan, Kyle S. "Extinction and Its Causes." *Creation Care,* Fall 2008.

von Rad, Gerhard. *Old Testament Theology.* Old Testament Library. Louisville, KY: John Knox, 1965.

Ward, Geoffrey C., and Ken Burns. *The Vietnam War: An Intimate History.* New York: Knopf, 2017.

Waskow, Arthur. "What is Eco-Kosher?" In *This Sacred Earth*, edited by Roger S. Gottlieb, 297-300. New York: Routledge, 1996.

Weber, Max. "Bureaucracy." In *Economy and Society: An Outline of Interpretive Sociology*, edited by Guenther Roth and Claus Wittich, 2:956-1005. Berkeley: University of California Press, 1978.

———. "Patriarchalism and Patrimonialism," In *Economy and Society: An Outline of Interpretive Sociology*, edited by Guenther Roth and Claus Wittich, 2:1006-69. Berkeley: University of California Press, 1978.

Webster, John. *Animal Welfare: Limping Towards Eden; A Practical Approach to Redressing the Problem of Our Dominion Over the Animals.* Oxford: Blackwell, 2005.

Weinfeld, Moshe. "ברית *bᵉrî*⊠ In *Theological Dictionary of the Old Testament*. Edited by G. Johannes Botterweck and Helmer Ringgren. Translated by John T. Willis et al. Grand Rapids: Eerdmans, 1975.

White, Lynn. "The Historical Roots of our Ecological Crisis." *Science* 155 (1967): 1203-7.

Wikipedia. "Agent Orange." http://en.wikipedia.org/wiki/Agent_Orange.

Wilcox, Fred A. "Toxic Agents: Agent Orange Exposure." In *The Oxford Companion to American Military History*, edited by John Whiteclay Chambers. Oxford: Oxford University Press, 1999.

Winner, Lauren F. *The Mudhouse Sabbath.* Brewster, MA: Paraclete Press, 2003.

Wirzba, Norman. "The Grace of Good Food and the Call to Good Farming." *Review and Expositor* 108 (Winter 2011): 61-71.

———. *The Paradise of God: Renewing Religion in an Ecological Age.* New York: Oxford University Press, 2003.

Witherington, Ben, III. *The Indelible Image: The Theological and Ethical Thought World of the New Testament.* Downers Grove, IL: IVP Academic, 2009.

Woodhouse, Leighton Akio. "Charged with the Crime of Filming a Slaughterhouse." *The Nation*. July 31, 2013. www.thenation.com/article/charged-crime-filming-slaughterhouse/.

World's Capital Cities. "Capital Facts for Port-au-Prince, Haiti." www.worldscapitalcities.com/capital-facts-for-port-au-prince-haiti/.

Wright, Christopher J. H. *God's People in God's Land: Family, Land, and Property in the Old Testament*. Grand Rapids: Eerdmans, 1990.

Wright, Jacob. Review of *Military Practice and Polemic: Israel's Laws of Warfare in Near Eastern Perspective*, by Michael Hasel. *Journal of Biblical Literature* 125, no. 3 (2006): 577.

———. "Warfare and Wanton Destruction," *Journal of Biblical Literature* 127, no. 3 (2008): 423-58.

Yoffee, Norman. "The Collapse of Ancient Mesopotamian States and Civilization." In *The Collapse of Ancient States and Civilizations*, edited by Norman Yoffee and George L. Cowgill, 44-68. Tucson: University of Arizona Press, 1991.

Young, Brad. "Black Bears in Mississippi Past and Present." *Wildlife Issues* (Fall/Winter 2004), www.mdwfp.com/media/3306/ms_black_bear_wildlife_issues_2004.pdf.

Zwerdling, Daniel. "India's Farming 'Revolution' Heading for Collapse." *All Things Considered*. April 13, 2009. www.npr.org/templates/story/story.php?storyId=102893816.

WEBSITES

Blessed Earth: www.blessedearth.org.

Christians for the Mountains: www.christiansforthemountains.org.

The Economics of Ecosystems and Biodiversity (TEEB) Initiative: http://ec.europa.eu/environment/nature/biodiversity/economics.

The Economics of Ecosystems and Biodiversity (TEEB) Publications: www.teebweb.org/our-publications.

Emmaus University: https://emmaus.edu.ht.

Farm Sanctuary: www.farmsanctuary.org/learn/factory-farming/pigs-used-for-pork.

Noble County Ohio: www.noblecountyohio.com/muskie.html.

People for the Ethical Treatment of Animals (PETA): www.peta.org/students/missions/male-chicks-ground-up-alive.

Plant with Purpose: https://plantwithpurpose.org/board.

Seedbed: www.seedbed.com.

Union Rescue Mission: https://urm.org/solution.

Wikipedia: https://en.wikipedia.org/wiki/Big_Muskie.